KB081835

字
漢
공부
기초
語
초등 교과서
한자어
200
漢
語
字

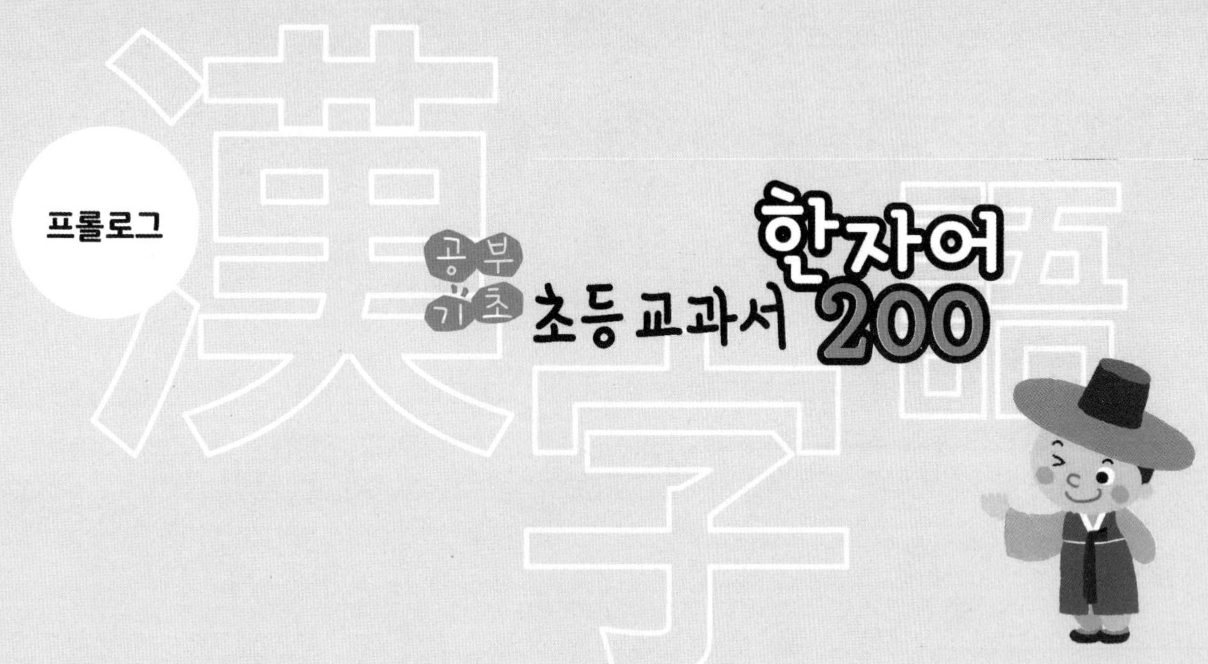

학생들은 교과서를 학습하면서 수많은 어휘들을 접합니다. 그런데 교과서를 학습하다 보면, 때로는 어휘의 뜻을 정확하게 알고 있지 못하는 경우도 있고 간혹 생소한 어휘를 접하게 되어, 학습 내용을 이해하는 데에 어려움을 겪기도 합니다.

교과서를 학습하는 데에 있어서, 많은 어휘를 알고 있는 것도 중요하지만, 어휘의 뜻을 정확하게 알고 있는 것도 매우 중요합니다. 어휘의 뜻을 정확하게 알고 있는 학생들은 그만큼 교과서의 내용을 좀 더 빠르게 파악하고 좀 더 정확하게 이해할 수 있습니다. 그러므로 어휘력이 좋으면 국어 능력뿐만 아니라 교과 학습능력도 향상될 수 있습니다.

교과서 속 어휘 중에 많은 어휘들은 한자로 된 한자어들입니다. 그러므로 교과서 문장의 어휘를 한자로 풀어보고 이해하는 것은 공부의 내용을 보다 더 정확하게 이해하는 지름길입니다.

『공부기초 초등 교과서 한자어 200』은 교과서에 나오는 어휘 중에서, 핵심적인 어휘이면서 학생들이 이해하기 쉬운 어휘들을 선정하여, 한자의 뜻으로 미루어 그 어휘의 뜻을 이해할 수 있도록 하였습니다.

모쪼록 이 책이 학생들이 교과서의 내용을 보다 더 빠르고 정확하게 이해하는 데에 도움이 되고, 나아가 학생들의 공부 기초가 되기를 바랍니다.

도서출판 마지원 편집부

- 교과서에 수록된 한자 어휘를 학생들이 부담 없이 확인하고 익힐 수 있도록 구성하였습니다.
- 교과서 수록 어휘를 추출하여 학년별·과목별 어휘를 한자 낱자 지도 중심이 아닌 어휘 학습에 초점을 두었습니다.
- 3~6학년의 4개 국어(읽기), 사회, 수학, 과학과 교과목을 중심으로 구성하였습니다.
- 교과목 차시별 개념어, 핵심어 중심으로 편성하였습니다.
- 한자의 뜻(훈)은 어휘 풀이에 가장 적절한 뜻(훈)으로 선정하였습니다.

이 책의 구성

어휘 알기

교과서 어휘를 한자로 나타내고, 각 한자의 뜻과 음, 그리고 어휘의 풀이를 제시하여 한자의 뜻을 활용하여 어휘를 풀이할 수 있도록 하였습니다.

어휘 확인하기

어휘 알기 단계에서 익힌 교과서 어휘의 낱자(뜻과 음)를 써보고 학습한 어휘를 익힐 수 있도록 구성하였습니다.

교과서 속 어휘 활용

교과서 속에서 어휘가 활용된 문장을 제시하여 학생들이 일차적으로 문맥을 통한 어휘의 뜻을 개략적으로 파악해 봄으로써 공부의 기초가 될 수 있도록 하였습니다.

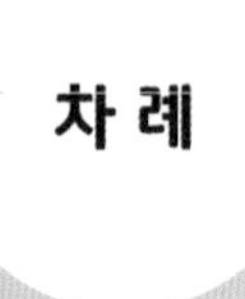
차 례

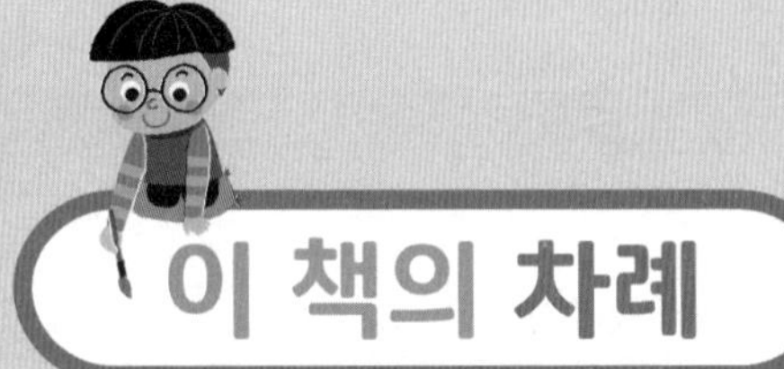
이 책의 차례

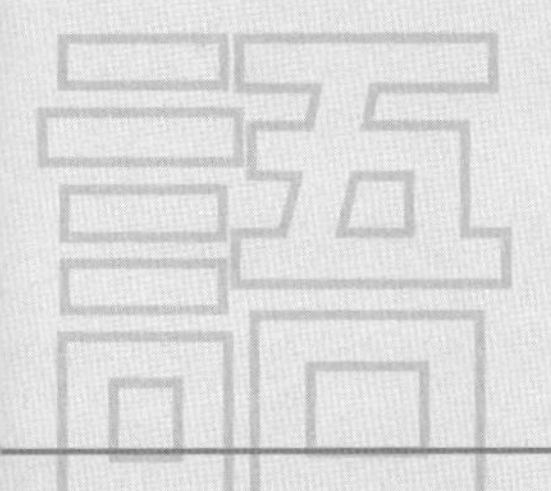

교과서 한자어

과학

1~50

漢字語

관찰

어휘 알기

확인 /

어휘	낱자(뜻과 음)		어휘 풀이
觀察	觀	察	주의하여 잘 살펴봄
관찰	볼(관)	살필(찰)	

어휘 확인하기

어휘	낱자(뜻과 음) 써보기		어휘 풀이 써보기
觀察	觀	察	
觀察	(　)	(　)	
觀察	觀	察	
觀察	(　)	(　)	
觀察	觀	察	
觀察	(　)	(　)	

교과서 속 어휘 활용

어휘	어휘 써보기				교과서 속 어휘 활용
觀察	觀	察	觀	察	맨눈으로 관찰하기 어려운 경우 돋보기를 사용한다.
관찰	관	찰	관	찰	
觀察	觀	察	觀	察	
관찰	관	찰	관	찰	

탐구

확인 /

어휘 알기

어휘	낱자(뜻과 음)		어휘 풀이
探究	探	究	진리를 깊이 파고들어 연구함
탐구	찾을(탐)	연구할(구)	

어휘 확인하기

어휘	낱자(뜻과 음) 써보기		어휘 풀이 써보기
探究	探	究	
探究	( )	( )	
探究	探	究	
探究	( )	( )	
探究	探	究	
探究	( )	( )	

교과서 속 어휘 활용

어휘	어휘 써보기				교과서 속 어휘 활용
探究	探	究	探	究	더 알고 싶은 것을 골라 탐구해 본다.
탐구	탐	구	탐	구	
探究	探	究	探	究	
탐구	탐	구	탐	구	

물체

확인 /

어휘 알기

어휘	낱자(뜻과 음)		어휘 풀이
物體	物	體	공간을 차지하고 모양이 있는 모든 것
물체	물건(물)	몸(체)	

어휘 확인하기

어휘	낱자(뜻과 음) 써보기		어휘 풀이 써보기
物體	物	體	
物體	( )	( )	
物體	物	體	
物體	( )	( )	
物體	物	體	
物體	( )	( )	

교과서 속 어휘 활용

어휘	어휘 써보기				교과서 속 어휘 활용
物體	物	體	物	體	유리는 투명한 물체를 만들 수 있는 물질이다.
물체	물	체	물	체	
物體	物	體	物	體	
물체	물	체	물	체	

04 물질

확인 /

어휘 알기

어휘	낱자(뜻과 음)		어휘 풀이
物質	物	質	물체를 이루는 바탕이 되는 것
물질	물건(물)	바탕(질)	

어휘 확인하기

어휘	낱자(뜻과 음) 써보기		어휘 풀이 써보기
物質	物	質	
物質	( )	( )	
物質	物	質	
物質	( )	( )	
物質	物	質	
物質	( )	( )	

교과서 속 어휘 활용

어휘	어휘 써보기				교과서 속 어휘 활용
物質	物	質	物	質	금속은 단단한 물질이다.
물질	물	질	물	질	
物質	物	質	物	質	
물질	물	질	물	질	

혼합물

확인 /

어휘 알기

어휘	낱자(뜻과 음)			어휘 풀이
混合物	混	合	物	두 가지 이상의 물질이 각각의 성질을 잃지 않고 섞여있는 것
혼합물	섞을(혼)	합할(합)	물건(물)	

어휘 확인하기

어휘	낱자(뜻과 음) 써보기			어휘 풀이 써보기
混合物	混	合	物	
混合物	( )	( )	( )	
混合物	混	合	物	
混合物	( )	( )	( )	
混合物	混	合	物	
混合物	( )	( )	( )	

교과서 속 어휘 활용

어휘	어휘 써보기						교과서 속 어휘 활용
混合物	混	合	物	混	合	物	김밥은 혼합물이다.
혼합물	혼	합	물	혼	합	물	
混合物	混	合	物	混	合	物	
혼합물	혼	합	물	혼	합	물	

부식물

확인 /

어휘 알기

어휘	낱자(뜻과 음)			어휘 풀이
腐蝕物	腐	蝕	物	식물의 뿌리나 줄기, 잎 곤충 등이 오랫동안 썩어서 만들어진 것
부식물	썩을(부)	좀먹을(식)	물건(물)	

어휘 확인하기

어휘	낱자(뜻과 음) 써보기			어휘 풀이 써보기
腐蝕物	腐	蝕	物	
腐蝕物	( )	( )	( )	
腐蝕物	腐	蝕	物	
腐蝕物	( )	( )	( )	
腐蝕物	腐	蝕	物	
腐蝕物	( )	( )	( )	

교과서 속 어휘 활용

어휘	어휘 써보기						교과서 속 어휘 활용
腐蝕物	腐	蝕	物	腐	蝕	物	화단 흙은 부식물이 많아 식물이 잘 자란다.
부식물	부	식	물	부	식	물	
腐蝕物	腐	蝕	物	腐	蝕	物	
부식물	부	식	물	부	식	물	

고체

확인 /

어휘 알기

어휘	낱자(뜻과 음)		어휘 풀이
固體	固	體	일정한 모양과 부피를 가진 물질의 상태
고체	굳을(고)	몸(체)	

어휘 확인하기

어휘	낱자(뜻과 음) 써보기		어휘 풀이 써보기
固體	固	體	
固體	( )	( )	
固體	固	體	
固體	( )	( )	
固體	固	體	
固體	( )	( )	

교과서 속 어휘 활용

어휘	어휘 써보기				교과서 속 어휘 활용
固體	固	體	固	體	얼음은 고체 상태이다.
고체	고	체	고	체	
固體	固	體	固	體	
고체	고	체	고	체	

액체

확인 /

어휘 알기

어휘	낱자(뜻과 음)		어휘 풀이
液體	液	體	모양이 일정하지 않고 부피가 줄어들지 않는 물질의 상태
액체	진(액)	몸(체)	

어휘 확인하기

어휘	낱자(뜻과 음) 써보기		어휘 풀이 써보기
液體	液	體	
液體	( )	( )	
液體	液	體	
液體	( )	( )	
液體	液	體	
液體	( )	( )	

교과서 속 어휘 활용

어휘	어휘 써보기				교과서 속 어휘 활용
液體	液	體	液	體	물은 액체 상태이다.
액체	액	체	액	체	
液體	液	體	液	體	
액체	액	체	액	체	

기체

확인 /

어휘 알기

어휘	낱자(뜻과 음)		어휘 풀이
氣體	氣	體	모양과 부피가 일정하지 않고 용기를 채우려는 성질이 있는 물질의 상태
기체	공기(기)	몸(체)	

어휘 확인하기

어휘	낱자(뜻과 음) 써보기		어휘 풀이 써보기
氣體	氣	體	
氣體	( )	( )	
氣體	氣	體	
氣體	( )	( )	
氣體	氣	體	
氣體	( )	( )	

교과서 속 어휘 활용

어휘	어휘 써보기				교과서 속 어휘 활용
氣體	氣	體	氣	體	수증기는 기체 상태이다.
기체	기	체	기	체	
氣體	氣	體	氣	體	
기체	기	체	기	체	

10

기압

확인 /

어휘 알기

어휘	낱자(뜻과 음)		어휘 풀이
氣壓	氣	壓	공기가 누르는 힘
기압	공기(기)	누를(압)	

어휘 확인하기

어휘	낱자(뜻과 음) 써보기		어휘 풀이 써보기
氣壓	氣	壓	
氣壓	( )	( )	
氣壓	氣	壓	
氣壓	( )	( )	
氣壓	氣	壓	
氣壓	( )	( )	

교과서 속 어휘 활용

어휘	어휘 써보기				교과서 속 어휘 활용
氣壓	氣	壓	氣	壓	높을수록 기압이 낮다.
기압	기	압	기	압	
氣壓	氣	壓	氣	壓	
기압	기	압	기	압	

측정

어휘 알기

확인 /

어휘	낱자(뜻과 음)		어휘 풀이
測定	測	定	길이나 무게 따위를 재어서 정함
측정	잴(측)	정할(정)	

어휘 확인하기

어휘	낱자(뜻과 음) 써보기		어휘 풀이 써보기
測定	測	定	
測定	( )	( )	
測定	測	定	
測定	( )	( )	
測定	測	定	
測定	( )	( )	

교과서 속 어휘 활용

어휘	어휘 써보기				교과서 속 어휘 활용
測定	測	定	測	定	길이를 측정할 때는 자를 사용한다.
측정	측	정	측	정	
測定	測	定	測	定	
측정	측	정	측	정	

추리

확인 /

어휘 알기

어휘	낱자(뜻과 음)		어휘 풀이
推理	推	理	알고 있는 것을 바탕으로 알지 못하는 것을 미루어서 생각함
추리	밀(추)	다스릴(리)	

어휘 확인하기

어휘	낱자(뜻과 음) 써보기		어휘 풀이 써보기
推理	推	理	
推理	( )	( )	
推理	推	理	
推理	( )	( )	
推理	推	理	
推理	( )	( )	

교과서 속 어휘 활용

어휘	어휘 써보기				교과서 속 어휘 활용
推理	推	理	推	理	관찰 결과를 통해 추리해 본다.
추리	추	리	추	리	
推理	推	理	推	理	
추리	추	리	추	리	

지층

13

확인 /

어휘 알기

어휘	낱자(뜻과 음)		어휘 풀이
地層	地	層	암석이 여러 층으로 쌓여 있는 것
지층	땅(지)	층(층)	

어휘 확인하기

어휘	낱자(뜻과 음) 써보기		어휘 풀이 써보기
地層	地	層	
地層	( )	( )	
地層	地	層	
地層	( )	( )	
地層	地	層	
地層	( )	( )	

교과서 속 어휘 활용

어휘	어휘 써보기				교과서 속 어휘 활용
地層	地	層	地	層	지층에는 줄무늬가 있다.
지층	지	층	지	층	
地層	地	層	地	層	
지층	지	층	지	층	

14 퇴적

확인 /

어휘 알기

어휘	낱자(뜻과 음)		어휘 풀이
堆積	堆	積	자갈, 모래 따위가 운반되어 쌓이는 현상
퇴적	쌓을(퇴)	쌓을(적)	

어휘 확인하기

어휘	낱자(뜻과 음) 써보기		어휘 풀이 써보기
堆積	堆	積	
堆積	( )	( )	
堆積	堆	積	
堆積	( )	( )	
堆積	堆	積	
堆積	( )	( )	

교과서 속 어휘 활용

어휘	어휘 써보기				교과서 속 어휘 활용
堆積	堆	積	堆	積	흙이 강 하류에 퇴적된다.
퇴적	퇴	적	퇴	적	
堆積	堆	積	堆	積	
퇴적	퇴	적	퇴	적	

화산

15

어휘 알기

확인 /

어휘	낱자(뜻과 음)		어휘 풀이
火山	火	山	땅속의 마그마가 지상으로 뿜어져 나와 만들어진 지형
화산	불(화)	산(산)	

어휘 확인하기

어휘	낱자(뜻과 음) 써보기		어휘 풀이 써보기
火山	火	山	
火山	( )	( )	
火山	火	山	
火山	( )	( )	
火山	火	山	
火山	( )	( )	

교과서 속 어휘 활용

어휘	어휘 써보기				교과서 속 어휘 활용
火山	火	山	火	山	한라산은 화산이다.
화산	화	산	화	산	
火山	火	山	火	山	
화산	화	산	화	산	

용암

확인 /

어휘 알기

어휘	낱자(뜻과 음)		어휘 풀이
鎔巖	鎔	巖	화산이 분출할 때 나오는 액체 물질
용암	녹일(용)	바위(암)	

어휘 확인하기

어휘	낱자(뜻과 음) 써보기		어휘 풀이 써보기
鎔巖	鎔	巖	
鎔巖	( )	( )	
鎔巖	鎔	巖	
鎔巖	( )	( )	
鎔巖	鎔	巖	
鎔巖	( )	( )	

교과서 속 어휘 활용

어휘	어휘 써보기				교과서 속 어휘 활용
鎔巖	鎔	巖	鎔	巖	울릉도는 용암이 굳어 만들어진 화산섬이다.
용암	용	암	용	암	
鎔巖	鎔	巖	鎔	巖	
용암	용	암	용	암	

항성

17

확인 /

어휘 알기

어휘	낱자(뜻과 음)		어휘 풀이
恒星	恒	星	태양처럼 스스로 빛을 내는 별
항성	항상(항)	별(성)	

어휘 확인하기

어휘	낱자(뜻과 음) 써보기		어휘 풀이 써보기
恒星	恒	星	
恒星	( )	( )	
恒星	恒	星	
恒星	( )	( )	
恒星	恒	星	
恒星	( )	( )	

교과서 속 어휘 활용

어휘	어휘 써보기				교과서 속 어휘 활용
恒星	恒	星	恒	星	태양은 스스로 빛을 내는 항성이다.
항성	항	성	항	성	
恒星	恒	星	恒	星	
항성	항	성	항	성	

18 행성

확인 /

어휘 알기

어휘	낱자(뜻과 음)		어휘 풀이
行星	行	星	태양을 중심으로 돌고 있는 별
행성	다닐(행)	별(성)	

어휘 확인하기

어휘	낱자(뜻과 음) 써보기		어휘 풀이 써보기
行星	行	星	
行星	( )	( )	
行星	行	星	
行星	( )	( )	
行星	行	星	
行星	( )	( )	

교과서 속 어휘 활용

어휘	어휘 써보기				교과서 속 어휘 활용
行星	行	星	行	星	수성은 태양에서 첫 번째로 가까운 행성이다.
행성	행	성	행	성	
行星	行	星	行	星	
행성	행	성	행	성	

지지

19

확인 /

어휘 알기

어휘	낱자(뜻과 음)		어휘 풀이
支持	支	持	쓰러지지 않도록 지탱해주는 것
지지	지탱할(지)	가질(지)	

어휘 확인하기

어휘	낱자(뜻과 음) 써보기		어휘 풀이 써보기
支持	支	持	
支持	( )	( )	
支持	支	持	
支持	( )	( )	
支持	支	持	
支持	( )	( )	

교과서 속 어휘 활용

어휘	어휘 써보기				교과서 속 어휘 활용
支持	支	持	支	持	식물은 뿌리를 땅속 깊이 뻗어 식물을 지지한다.
지지	지	지	지	지	
支持	支	持	支	持	
지지	지	지	지	지	

저장

확인 /

어휘 알기

어휘	낱자(뜻과 음)		어휘 풀이
貯藏	貯	藏	물건을 쌓아서 간직하는 것
저장	쌓을(저)	감출(장)	

어휘 확인하기

어휘	낱자(뜻과 음) 써보기		어휘 풀이 써보기
貯藏	貯	藏	
貯藏	(　)	(　)	
貯藏	貯	藏	
貯藏	(　)	(　)	
貯藏	貯	藏	
貯藏	(　)	(　)	

교과서 속 어휘 활용

어휘	어휘 써보기				교과서 속 어휘 활용
貯藏	貯	藏	貯	藏	식물은 양분을 뿌리에 저장한다.
저장	저	장	저	장	
貯藏	貯	藏	貯	藏	
저장	저	장	저	장	

흡수

21

확인 /

어휘 알기

어휘	낱자(뜻과 음)		어휘 풀이
吸水	吸	水	물을 빨아들임
흡수	마실(흡)	물(수)	

어휘 확인하기

어휘	낱자(뜻과 음) 써보기		어휘 풀이 써보기
吸水	吸	水	
吸水	( )	( )	
吸水	吸	水	
吸水	( )	( )	
吸水	吸	水	
吸水	( )	( )	

교과서 속 어휘 활용

어휘	어휘 써보기				교과서 속 어휘 활용
吸水	吸	水	吸	水	뿌리털은 물의 흡수를 도와준다.
흡수	흡	수	흡	수	
吸水	吸	水	吸	水	
흡수	흡	수	흡	수	

22 광합성

확인 /

어휘 알기

어휘	낱자(뜻과 음)			어휘 풀이
光合成	光	合	成	식물이 빛을 이용하여 양분을 만드는 것.
광합성	빛(광)	합할(합)	이룰(성)	

어휘 확인하기

어휘	낱자(뜻과 음) 써보기			어휘 풀이 써보기
光合成	光	合	成	
光合成	( )	( )	( )	
光合成	光	合	成	
光合成	( )	( )	( )	
光合成	光	合	成	
光合成	( )	( )	( )	

교과서 속 어휘 활용

어휘	어휘 써보기						교과서 속 어휘 활용
光合成	光	合	成	光	合	成	광합성을 하려면 햇빛이 필요하다.
광합성	광	합	성	광	합	성	
光合成	光	合	成	光	合	成	
광합성	광	합	성	광	합	성	

용해

어휘 알기

확인 /

어휘	낱자(뜻과 음)		어휘 풀이
溶解	溶	解	녹아서 풀어져 섞임
용해	녹을(용)	풀(해)	

어휘 확인하기

어휘	낱자(뜻과 음) 써보기		어휘 풀이 써보기
溶解	溶	解	
溶解	( )	( )	
溶解	溶	解	
溶解	( )	( )	
溶解	溶	解	
溶解	( )	( )	

교과서 속 어휘 활용

어휘	어휘 써보기				교과서 속 어휘 활용
溶解	溶	解	溶	解	설탕이 물에 용해되었다.
용해	용	해	용	해	
溶解	溶	解	溶	解	
용해	용	해	용	해	

24

용액

확인 /

어휘 알기

어휘	낱자(뜻과 음)		어휘 풀이
溶液	溶	液	두 가지 이상의 물질이 녹아 섞여있는 액체
용액	녹을(용)	즙(액)	

어휘 확인하기

어휘	낱자(뜻과 음) 써보기		어휘 풀이 써보기
溶液	溶	液	
溶液	( )	( )	
溶液	溶	液	
溶液	( )	( )	
溶液	溶	液	
溶液	( )	( )	

교과서 속 어휘 활용

어휘	어휘 써보기				교과서 속 어휘 활용
溶液	溶	液	溶	液	용액은 투명하다.
용액	용	액	용	액	
溶液	溶	液	溶	液	
용액	용	액	용	액	

용매

확인 /

어휘 알기

어휘	낱자(뜻과 음)		어휘 풀이
溶媒	溶	媒	다른 것을 녹게 해주는 물질
용매	녹을(용)	매개(매)	

어휘 확인하기

어휘	낱자(뜻과 음) 써보기		어휘 풀이 써보기
溶媒	溶	媒	
溶媒	( )	( )	
溶媒	溶	媒	
溶媒	( )	( )	
溶媒	溶	媒	
溶媒	( )	( )	

교과서 속 어휘 활용

어휘	어휘 써보기				교과서 속 어휘 활용
溶媒	溶	媒	溶	媒	물은 소금을 녹이는 용매이다.
용매	용	매	용	매	
溶媒	溶	媒	溶	媒	
용매	용	매	용	매	

26

용질

확인 /

어휘 알기

어휘	낱자(뜻과 음)		어휘 풀이
溶質	溶	質	어떤 것에 녹는 물질
용질	녹을(용)	바탕(질)	

어휘 확인하기

어휘	낱자(뜻과 음) 써보기		어휘 풀이 써보기
溶質	溶	質	
溶質	( )	( )	
溶質	溶	質	
溶質	( )	( )	
溶質	溶	質	
溶質	( )	( )	

교과서 속 어휘 활용

어휘	어휘 써보기				교과서 속 어휘 활용
溶質	溶	質	溶	質	소금물의 용질은 소금이다.
용질	용	질	용	질	
溶質	溶	質	溶	質	
용질	용	질	용	질	

증산

27

확인 /

어휘 알기

어휘	낱자(뜻과 음)		어휘 풀이
蒸散	蒸	散	물이 수증기가 되어 공기 중으로 흩어지는 것
증산	찔(증)	흩어질(산)	

어휘 확인하기

어휘	낱자(뜻과 음) 써보기		어휘 풀이 써보기
蒸散	蒸	散	
蒸散	( )	( )	
蒸散	蒸	散	
蒸散	( )	( )	
蒸散	蒸	散	
蒸散	( )	( )	

교과서 속 어휘 활용

어휘	어휘 써보기				교과서 속 어휘 활용
蒸散	蒸	散	蒸	散	나무의 증산 작용은 잎을 통해 이루어진다.
증산	증	산	증	산	
蒸散	蒸	散	蒸	散	
증산	증	산	증	산	

28 증발

확인 /

어휘 알기

어휘	낱자(뜻과 음)		어휘 풀이
蒸發	蒸	發	액체가 기체로 변하는 것
증발	찔(증)	필(발)	

어휘 확인하기

어휘	낱자(뜻과 음) 써보기		어휘 풀이 써보기
蒸發	蒸	發	
蒸發	(　)	(　)	
蒸發	蒸	發	
蒸發	(　)	(　)	
蒸發	蒸	發	
蒸發	(　)	(　)	

교과서 속 어휘 활용

어휘	어휘 써보기				교과서 속 어휘 활용
蒸發	蒸	發	蒸	發	선인장의 가시 양의 잎은 물의 증발을 막는다.
증발	증	발	증	발	
蒸發	蒸	發	蒸	發	
증발	증	발	증	발	

응결

(확인 /)

어휘 알기

어휘	낱자(뜻과 음)		어휘 풀이
凝結	凝	結	수증기가 엉기어 물방울이 되는 것
응결	엉길(응)	맺을(결)	

어휘 확인하기

어휘	낱자(뜻과 음) 써보기		어휘 풀이 써보기
凝結	凝	結	
凝結	( )	( )	
凝結	凝	結	
凝結	( )	( )	
凝結	凝	結	
凝結	( )	( )	

교과서 속 어휘 활용

어휘	어휘 써보기				교과서 속 어휘 활용
凝結	凝	結	凝	結	이슬이 맺히는 것은 응결 현상이다.
응결	응	결	응	결	
凝結	凝	結	凝	結	
응결	응	결	응	결	

온도

확인 /

어휘 알기

어휘	낱자(뜻과 음)		어휘 풀이
溫度	溫	度	차갑거나 따뜻한 정도
온도	따뜻할(온)	법도(도)	

어휘 확인하기

어휘	낱자(뜻과 음) 써보기		어휘 풀이 써보기
溫度	溫	度	
溫度	(　)	(　)	
溫度	溫	度	
溫度	(　)	(　)	
溫度	溫	度	
溫度	(　)	(　)	

교과서 속 어휘 활용

어휘	어휘 써보기				교과서 속 어휘 활용
溫度	溫	度	溫	度	열이 이동하면 온도가 변한다.
온도	온	도	온	도	
溫度	溫	度	溫	度	
온도	온	도	온	도	

압력

31

어휘 알기

확인 /

어휘	낱자(뜻과 음)		어휘 풀이
壓力	壓	力	누르는 힘
압력	누를(압)	힘(력)	

어휘 확인하기

어휘	낱자(뜻과 음) 써보기		어휘 풀이 써보기
壓力	壓	力	
壓力	( )	( )	
壓力	壓	力	
壓力	( )	( )	
壓力	壓	力	
壓力	( )	( )	

교과서 속 어휘 활용

어휘	어휘 써보기				교과서 속 어휘 활용
壓力	壓	力	壓	力	공기는 압력을 가진다.
압력	압	력	압	력	
壓力	壓	力	壓	力	
압력	압	력	압	력	

32 속력

확인 /

어휘 알기

어휘	낱자(뜻과 음)		어휘 풀이
速力	速	力	빠르기의 힘
속력	빠를(속)	힘(력)	

어휘 확인하기

어휘	낱자(뜻과 음) 써보기		어휘 풀이 써보기
速力	速	力	
速力	( )	( )	
速力	速	力	
速力	( )	( )	
速力	速	力	
速力	( )	( )	

교과서 속 어휘 활용

어휘	어휘 써보기				교과서 속 어휘 활용
速力	速	力	速	力	물체가 클수록 속력이 빠르다.
속력	속	력	속	력	
速力	速	力	速	力	
속력	속	력	속	력	

건구

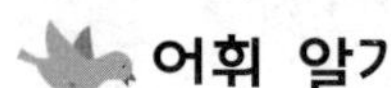

어휘 알기

확인 /

어휘	낱자(뜻과 음)		어휘 풀이
乾球	乾	球	마른 헝겊으로 공처럼 싸 놓은 온도계.
건구	마를(건)	공(구)	

어휘 확인하기

어휘	낱자(뜻과 음) 써보기		어휘 풀이 써보기
乾球	乾	球	
乾球	( )	( )	
乾球	乾	球	
乾球	( )	( )	
乾球	乾	球	
乾球	( )	( )	

교과서 속 어휘 활용

어휘	어휘 써보기				교과서 속 어휘 활용
乾球	乾	球	乾	球	건구온도란 현재 온도이다.
건구	건	구	건	구	
乾球	乾	球	乾	球	
건구	건	구	건	구	

34

습구

확인 /

어휘 알기

어휘	낱자(뜻과 음)		어휘 풀이
濕球	濕	球	젖은 헝겊으로 공처럼 싸 놓은 온도계
습구	축축할(습)	공(구)	

어휘 확인하기

어휘	낱자(뜻과 음) 써보기		어휘 풀이 써보기
濕球	濕	球	
濕球	( )	( )	
濕球	濕	球	
濕球	( )	( )	
濕球	濕	球	
濕球	( )	( )	

교과서 속 어휘 활용

어휘	어휘 써보기				교과서 속 어휘 활용
濕球	濕	球	濕	球	건조할수록 습구 온도가 낮아진다.
습구	습	구	습	구	
濕球	濕	球	濕	球	
습구	습	구	습	구	

산성

35

어휘 알기

확인 /

어휘	낱자(뜻과 음)		어휘 풀이
酸性	酸	性	신 성질이 있는 것
산성	실(산)	성품(성)	

어휘 확인하기

어휘	낱자(뜻과 음) 써보기		어휘 풀이 써보기
酸性	酸	性	
酸性	( )	( )	
酸性	酸	性	
酸性	( )	( )	
酸性	酸	性	
酸性	( )	( )	

교과서 속 어휘 활용

어휘	어휘 써보기				교과서 속 어휘 활용
酸性	酸	性	酸	性	산성을 지닌 물질은 신맛이 난다.
산성	산	성	산	성	
酸性	酸	性	酸	性	
산성	산	성	산	성	

36

염기성

확인 /

어휘 알기

어휘	낱자(뜻과 음)			어휘 풀이
鹽基性	鹽	基	性	소금의 성질이 있는 것.
염기성	소금(염)	터(기)	성품(성)	

어휘 확인하기

어휘	낱자(뜻과 음) 써보기			어휘 풀이 써보기
鹽基性	鹽	基	性	
鹽基性	( )	( )	( )	
鹽基性	鹽	基	性	
鹽基性	( )	( )	( )	
鹽基性	鹽	基	性	
鹽基性	( )	( )	( )	

교과서 속 어휘 활용

어휘	어휘 써보기						교과서 속 어휘 활용
鹽基性	鹽	基	性	鹽	基	性	비누는 염기성 물질이다.
염기성	염	기	성	염	기	성	
鹽基性	鹽	基	性	鹽	基	性	
염기성	염	기	성	염	기	성	

생태계

37

어휘 알기

확인 /

어휘	낱자(뜻과 음)			어휘 풀이
生態系	生	態	系	생물이 다른 것들과 어울려 살아가는 모습
생태계	날(생)	모습(태)	묶을(계)	

어휘 확인하기

어휘	낱자(뜻과 음) 써보기			어휘 풀이 써보기
生態系	生	態	系	
生態系	( )	( )	( )	
生態系	生	態	系	
生態系	( )	( )	( )	
生態系	生	態	系	
生態系	( )	( )	( )	

교과서 속 어휘 활용

어휘	어휘 써보기						교과서 속 어휘 활용
生態系	生	態	系	生	態	系	생태계 안에서 생물은 서로 영향을 주고받는다.
생태계	생	태	계	생	태	계	
生態系	生	態	系	生	態	系	
생태계	생	태	계	생	태	계	

38

생산자

확인 /

어휘 알기

어휘	낱자(뜻과 음)			어휘 풀이
生産者	生	産	者	필요한 것을 만드는 사람
생산자	날(생)	낳을(산)	사람(자)	

어휘 확인하기

어휘	낱자(뜻과 음) 써보기			어휘 풀이 써보기
生産者	生	産	者	
生産者	( )	( )	( )	
生産者	生	産	者	
生産者	( )	( )	( )	
生産者	生	産	者	
生産者	( )	( )	( )	

교과서 속 어휘 활용

어휘	어휘 써보기						교과서 속 어휘 활용
生産者	生	産	者	生	産	者	주로 녹색식물은 생산자에 속한다.
생산자	생	산	자	생	산	자	
生産者	生	産	者	生	産	者	
생산자	생	산	자	생	산	자	

어휘 알기

확인 /

어휘	낱자(뜻과 음)			어휘 풀이
消費者	消	費	者	써서 없애는 사람
소비자	없앨(소)	쓸(비)	사람(자)	

어휘 확인하기

어휘	낱자(뜻과 음) 써보기			어휘 풀이 써보기
消費者	消	費	者	
消費者	( )	( )	( )	
消費者	消	費	者	
消費者	( )	( )	( )	
消費者	消	費	者	
消費者	( )	( )	( )	

교과서 속 어휘 활용

어휘	어휘 써보기						교과서 속 어휘 활용
消費者	消	費	者	消	費	者	소비자는 스스로 양분을 만들지 못한다.
소비자	소	비	자	소	비	자	
消費者	消	費	者	消	費	者	
소비자	소	비	자	소	비	자	

분해자

확인 /

어휘 알기

어휘	낱자(뜻과 음)			어휘 풀이
分解者	分	解	者	나누어서 쪼개는 사람
분해자	나눌(분)	쪼갤(해)	사람(자)	

어휘 확인하기

어휘	낱자(뜻과 음) 써보기			어휘 풀이 써보기
分解者	分	解	者	
分解者	( )	( )	( )	
分解者	分	解	者	
分解者	( )	( )	( )	
分解者	分	解	者	
分解者	( )	( )	( )	

교과서 속 어휘 활용

어휘	어휘 써보기						교과서 속 어휘 활용
分解者	分	解	者	分	解	者	버섯은 분해자이다.
분해자	분	해	자	분	해	자	
分解者	分	解	者	分	解	者	
분해자	분	해	자	분	해	자	

회로

41

어휘 알기

확인 /

어휘	낱자(뜻과 음)		어휘 풀이
回路	回	路	돌아오는 길
회로	돌아올(회)	길(로)	

어휘 확인하기

어휘	낱자(뜻과 음) 써보기		어휘 풀이 써보기
回路	回	路	
回路	( )	( )	
回路	回	路	
回路	( )	( )	
回路	回	路	
回路	( )	( )	

교과서 속 어휘 활용

어휘	어휘 써보기				교과서 속 어휘 활용
回路	回	路	回	路	전기가 다니는 길을 전기 회로라 한다.
회로	회	로	회	로	
回路	回	路	回	路	
회로	회	로	회	로	

전류

확인 /

어휘 알기

어휘	낱자(뜻과 음)		어휘 풀이
電流	電	流	전기가 흐르는 것
전류	번개(전)	흐를(류)	

어휘 확인하기

어휘	낱자(뜻과 음) 써보기		어휘 풀이 써보기
電流	電	流	
電流	(　)	(　)	
電流	電	流	
電流	(　)	(　)	
電流	電	流	
電流	(　)	(　)	

교과서 속 어휘 활용

어휘	어휘 써보기				교과서 속 어휘 활용
電流	電	流	電	流	전선을 따라 전류가 흐른다.
전류	전	류	전	류	
電流	電	流	電	流	
전류	전	류	전	류	

직렬

43

확인 /

어휘 알기

어휘	낱자(뜻과 음)		어휘 풀이
直列	直	列	한 줄로 곧게 진열한 것
직렬	곧을(직)	진열할(렬)	

어휘 확인하기

어휘	낱자(뜻과 음) 써보기		어휘 풀이 써보기
直列	直	列	
直列	( )	( )	
直列	直	列	
直列	( )	( )	
直列	直	列	
直列	( )	( )	

교과서 속 어휘 활용

어휘	어휘 써보기				교과서 속 어휘 활용
直列	直	列	直	列	전지를 직렬연결하면 전구가 밝아진다.
직렬	직	렬	직	렬	
直列	直	列	直	列	
직렬	직	렬	직	렬	

44 병렬

확인 /

어휘 알기

어휘	낱자(뜻과 음)		어휘 풀이
竝列	竝	列	나란히 진열한 것
병렬	나란히(병)	진열할(렬)	

어휘 확인하기

어휘	낱자(뜻과 음) 써보기		어휘 풀이 써보기
竝列	竝	列	
竝列	( )	( )	
竝列	竝	列	
竝列	( )	( )	
竝列	竝	列	
竝列	( )	( )	

교과서 속 어휘 활용

어휘	어휘 써보기				교과서 속 어휘 활용
竝列	竝	列	竝	列	병렬연결은 같은 극끼리 연결하는 방법이다.
병렬	병	렬	병	렬	
竝列	竝	列	竝	列	
병렬	병	렬	병	렬	

자전

어휘 알기

확인 /

어휘	낱자(뜻과 음)		어휘 풀이
自轉	自	轉	스스로 도는 것
자전	스스로(자)	돌(전)	

어휘 확인하기

어휘	낱자(뜻과 음) 써보기		어휘 풀이 써보기
自轉	自	轉	
自轉	( )	( )	
自轉	自	轉	
自轉	( )	( )	
自轉	自	轉	
自轉	( )	( )	

교과서 속 어휘 활용

어휘	어휘 써보기				교과서 속 어휘 활용
自轉	自	轉	自	轉	지구가 자전하기 때문에 낮과 밤이 생긴다.
자전	자	전	자	전	
自轉	自	轉	自	轉	
자전	자	전	자	전	

확인 /

어휘 알기

어휘	낱자(뜻과 음)		어휘 풀이
公轉	公	轉	공통으로 중심이 되는 어떤 별의 주위를 도는 것.
공전	함께(공)	돌(전)	

어휘 확인하기

어휘	낱자(뜻과 음) 써보기		어휘 풀이 써보기
公轉	公	轉	
公轉	( )	( )	
公轉	公	轉	
公轉	( )	( )	
公轉	公	轉	
公轉	( )	( )	

교과서 속 어휘 활용

어휘	어휘 써보기				교과서 속 어휘 활용
公轉	公	轉	公	轉	지구는 태양을 중심으로 공전한다.
공전	공	전	공	전	
公轉	公	轉	公	轉	
공전	공	전	공	전	

굴절

47

어휘 알기

확인 /

어휘	낱자(뜻과 음)		어휘 풀이
屈折	屈	折	구부러져 꺾이는 것
굴절	굽을(굴)	꺾을(절)	

어휘 확인하기

어휘	낱자(뜻과 음) 써보기		어휘 풀이 써보기
屈折	屈	折	
屈折	( )	( )	
屈折	屈	折	
屈折	( )	( )	
屈折	屈	折	
屈折	( )	( )	

교과서 속 어휘 활용

어휘	어휘 써보기				교과서 속 어휘 활용
屈折	屈	折	屈	折	물컵 속의 빨대는 굴절되어 꺾여 보인다.
굴절	굴	절	굴	절	
屈折	屈	折	屈	折	
굴절	굴	절	굴	절	

48 반사

확인 /

어휘 알기

어휘	낱자(뜻과 음)		어휘 풀이
反射	反	射	되돌아 쏘는 것
반사	되돌릴(반)	쏠(사)	

어휘 확인하기

어휘	낱자(뜻과 음) 써보기		어휘 풀이 써보기
反射	反	射	
反射	( )	( )	
反射	反	射	
反射	( )	( )	
反射	反	射	
反射	( )	( )	

교과서 속 어휘 활용

어휘	어휘 써보기				교과서 속 어휘 활용
反射	反	射	反	射	거울은 빛을 반사한다.
반사	반	사	반	사	
反射	反	射	反	射	
반사	반	사	반	사	

이암

49

어휘 알기

확인 /

어휘	낱자(뜻과 음)		어휘 풀이
泥巖	泥	巖	진흙이 굳어서 된 바위
이암	진흙(이)	바위(암)	

어휘 확인하기

어휘	낱자(뜻과 음) 써보기		어휘 풀이 써보기
泥巖	泥	巖	
泥巖	( )	( )	
泥巖	泥	巖	
泥巖	( )	( )	
泥巖	泥	巖	
泥巖	( )	( )	

교과서 속 어휘 활용

어휘	어휘 써보기				교과서 속 어휘 활용
泥巖	泥	巖	泥	巖	이암은 알갱이가 작다.
이암	이	암	이	암	
泥巖	泥	巖	泥	巖	
이암	이	암	이	암	

사암

확인 /

어휘 알기

어휘	낱자(뜻과 음)		어휘 풀이
砂巖	砂	巖	모래가 굳어서 된 바위
사암	모래(사)	바위(암)	

어휘 확인하기

어휘	낱자(뜻과 음) 써보기		어휘 풀이 써보기
砂巖	砂	巖	
砂巖	(　)	(　)	
砂巖	砂	巖	
砂巖	(　)	(　)	
砂巖	砂	巖	
砂巖	(　)	(　)	

교과서 속 어휘 활용

어휘	어휘 써보기				교과서 속 어휘 활용
砂巖	砂	巖	砂	巖	사암은 모래로 이루어져 있다.
사암	사	암	사	암	
砂巖	砂	巖	砂	巖	
사암	사	암	사	암	

교과서 한자어

사회

51~100

漢字語

답사

51

어휘 알기

확인 /

어휘	낱자(뜻과 음)		어휘 풀이
踏査	踏	査	직접 가서 조사함
답사	밟을(답)	조사할(사)	

어휘 확인하기

어휘	낱자(뜻과 음) 써보기		어휘 풀이 써보기
踏査	踏	査	
踏査	( )	( )	
踏査	踏	査	
踏査	( )	( )	
踏査	踏	査	
踏査	( )	( )	

교과서 속 어휘 활용

어휘	어휘 써보기				교과서 속 어휘 활용
踏査	踏	査	踏	査	먼저 답사할 중심지를 정한다.
답사	답	사	답	사	
踏査	踏	査	踏	査	
답사	답	사	답	사	

지도

확인 /

어휘 알기

어휘	낱자(뜻과 음)		어휘 풀이
地圖	地	圖	땅의 모습을 그린 그림
지도	땅(지)	그림(도)	

어휘 확인하기

어휘	낱자(뜻과 음) 써보기		어휘 풀이 써보기
地圖	地	圖	
地圖	( )	( )	
地圖	地	圖	
地圖	( )	( )	
地圖	地	圖	
地圖	( )	( )	

교과서 속 어휘 활용

어휘	어휘 써보기				교과서 속 어휘 활용
地圖	地	圖	地	圖	지도의 위쪽이 북쪽이다.
지도	지	도	지	도	
地圖	地	圖	地	圖	
지도	지	도	지	도	

인공

확인 /

어휘 알기

어휘	낱자(뜻과 음)		어휘 풀이
人工	人	工	사람이 만든 것
인공	사람(인)	만들(공)	

어휘 확인하기

어휘	낱자(뜻과 음) 써보기		어휘 풀이 써보기
人工	人	工	
人工	( )	( )	
人工	人	工	
人工	( )	( )	
人工	人	工	
人工	( )	( )	

교과서 속 어휘 활용

어휘	어휘 써보기				교과서 속 어휘 활용
人工	人	工	人	工	인공위성은 로켓을 이용하여 쏘아 올린다.
인공	인	공	인	공	
人工	人	工	人	工	
인공	인	공	인	공	

위성

확인 /

어휘 알기

어휘	낱자(뜻과 음)		어휘 풀이
衛星	衛	星	행성 주위를 돌며 지키고 있는 별
위성	지킬(위)	별(성)	

어휘 확인하기

어휘	낱자(뜻과 음) 써보기		어휘 풀이 써보기
衛星	衛	星	
衛星	( )	( )	
衛星	衛	星	
衛星	( )	( )	
衛星	衛	星	
衛星	( )	( )	

교과서 속 어휘 활용

어휘	어휘 써보기				교과서 속 어휘 활용
衛星	衛	星	衛	星	지구의 위성은 달이다.
위성	위	성	위	성	
衛星	衛	星	衛	星	
위성	위	성	위	성	

교통

어휘 알기

(확인 /)

어휘	낱자(뜻과 음)		어휘 풀이
交通	交	通	서로 통하여 오고 가는 것
교통	오고 갈(교)	통할(통)	

어휘 확인하기

어휘	낱자(뜻과 음) 써보기		어휘 풀이 써보기
交通	交	通	
交通	( )	( )	
交通	交	通	
交通	( )	( )	
交通	交	通	
交通	( )	( )	

교과서 속 어휘 활용

어휘	어휘 써보기				교과서 속 어휘 활용
交通	交	通	交	通	중심지는 교통이 발달했다.
교통	교	통	교	통	
交通	交	通	交	通	
교통	교	통	교	통	

56 통신

확인 /

어휘 알기

어휘	낱자(뜻과 음)		어휘 풀이
通信	通	信	소식을 알리는 것
통신	알릴(통)	소식(신)	

어휘 확인하기

어휘	낱자(뜻과 음) 써보기		어휘 풀이 써보기
通信	通	信	
通信	( )	( )	
通信	通	信	
通信	( )	( )	
通信	通	信	
通信	( )	( )	

교과서 속 어휘 활용

어휘	어휘 써보기				교과서 속 어휘 활용
通信	通	信	通	信	사람들이 주로 사용하는 통신 수단은 휴대전화이다.
통신	통	신	통	신	
通信	通	信	通	信	
통신	통	신	통	신	

세시

57

확인 /

어휘 알기

어휘	낱자(뜻과 음)		어휘 풀이
歲時	歲	時	한 해의 때
세시	해(세)	때(시)	

어휘 확인하기

어휘	낱자(뜻과 음) 써보기		어휘 풀이 써보기
歲時	歲	時	
歲時	( )	( )	
歲時	歲	時	
歲時	( )	( )	
歲時	歲	時	
歲時	( )	( )	

교과서 속 어휘 활용

어휘	어휘 써보기				교과서 속 어휘 활용
歲時	歲	時	歲	時	송편은 추석에 먹는 세시 음식이다.
세시	세	시	세	시	
歲時	歲	時	歲	時	
세시	세	시	세	시	

58

풍속

확인 /

어휘 알기

어휘	낱자(뜻과 음)		어휘 풀이
風俗	風	俗	옛날부터 전해 오는 풍습
풍속	관습(풍)	풍습(속)	

어휘 확인하기

어휘	낱자(뜻과 음) 써보기		어휘 풀이 써보기
風俗	風	俗	
風俗	(　)	(　)	
風俗	風	俗	
風俗	(　)	(　)	
風俗	風	俗	
風俗	(　)	(　)	

교과서 속 어휘 활용

어휘	어휘 써보기				교과서 속 어휘 활용
風俗	風	俗	風	俗	연날리기는 겨울철 풍속이다.
풍속	풍	속	풍	속	
風俗	風	俗	風	俗	
풍속	풍	속	풍	속	

위도

확인 /

어휘 알기

어휘	낱자(뜻과 음)		어휘 풀이
緯度	緯	度	지구 위의 위치를 나타내는 가로선
위도	가로(위)	정도(도)	

어휘 확인하기

어휘	낱자(뜻과 음) 써보기		어휘 풀이 써보기
緯度	緯	度	
緯度	( )	( )	
緯度	緯	度	
緯度	( )	( )	
緯度	緯	度	
緯度	( )	( )	

교과서 속 어휘 활용

어휘	어휘 써보기				교과서 속 어휘 활용
緯度	緯	度	緯	度	우리나라는 북위 33˚~43˚의 위도에 위치한다.
위도	위	도	위	도	
緯度	緯	度	緯	度	
위도	위	도	위	도	

경도

확인 /

어휘 알기

어휘	낱자(뜻과 음)		어휘 풀이
經度	經	度	지구 위의 위치를 나타내는 세로 선
경도	지날(경)	정도(도)	

어휘 확인하기

어휘	낱자(뜻과 음) 써보기		어휘 풀이 써보기
經度	經	度	
經度	(　)	(　)	
經度	經	度	
經度	(　)	(　)	
經度	經	度	
經度	(　)	(　)	

교과서 속 어휘 활용

어휘	어휘 써보기				교과서 속 어휘 활용
經度	經	度	經	度	경도를 나타내는 선을 경선이라 한다.
경도	경	도	경	도	
經度	經	度	經	度	
경도	경	도	경	도	

추석

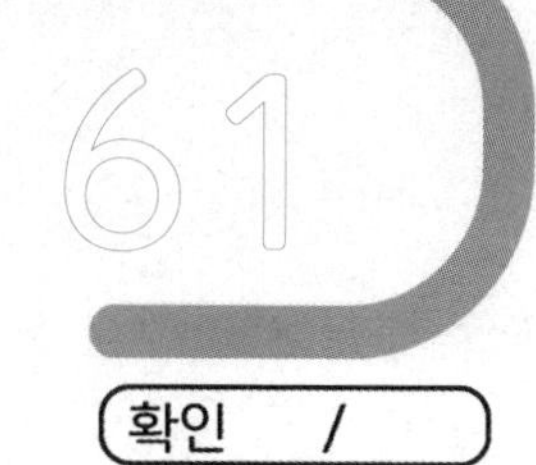

확인 /

어휘 알기

어휘	낱자(뜻과 음)		어휘 풀이
秋夕	秋	夕	가을에 농사를 잘 짓게 되어 감사하는 마음을 조상께 전하는 날
추석	가을(추)	저녁(석)	

어휘 확인하기

어휘	낱자(뜻과 음) 써보기		어휘 풀이 써보기
秋夕	秋	夕	
秋夕	( )	( )	
秋夕	秋	夕	
秋夕	( )	( )	
秋夕	秋	夕	
秋夕	( )	( )	

교과서 속 어휘 활용

어휘	어휘 써보기				교과서 속 어휘 활용
秋夕	秋	夕	秋	夕	음력 8월 15일은 추석이다.
추석	추	석	추	석	
秋夕	秋	夕	秋	夕	
추석	추	석	추	석	

동지

확인 /

어휘 알기

어휘	낱자(뜻과 음)		어휘 풀이
冬至	冬	至	겨울에 낮이 가장 짧고 밤이 가장 긴 날
동지	겨울(동)	이를(지)	

어휘 확인하기

어휘	낱자(뜻과 음) 써보기		어휘 풀이 써보기
冬至	冬	至	
冬至	( )	( )	
冬至	冬	至	
冬至	( )	( )	
冬至	冬	至	
冬至	( )	( )	

교과서 속 어휘 활용

어휘	어휘 써보기				교과서 속 어휘 활용
冬至	冬	至	冬	至	동지에는 팥죽을 먹는다.
동지	동	지	동	지	
冬至	冬	至	冬	至	
동지	동	지	동	지	

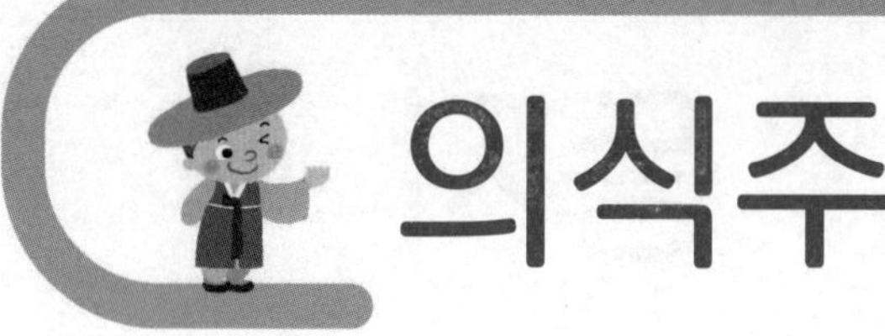

확인 /

어휘 알기

어휘	낱자(뜻과 음)			어휘 풀이
衣食住	衣	食	住	입을 것, 먹을 것, 사는 곳
의식주	옷(의)	밥(식)	살(주)	

어휘 확인하기

어휘	낱자(뜻과 음) 써보기			어휘 풀이 써보기
衣食住	衣	食	住	
衣食住	( )	( )	( )	
衣食住	衣	食	住	
衣食住	( )	( )	( )	
衣食住	衣	食	住	
衣食住	( )	( )	( )	

교과서 속 어휘 활용

어휘	어휘 써보기						교과서 속 어휘 활용
衣食住	衣	食	住	衣	食	住	의식주는 인간생활에 필요한 기본 요소이다.
의식주	의	식	주	의	식	주	
衣食住	衣	食	住	衣	食	住	
의식주	의	식	주	의	식	주	

확인 /

어휘 알기

어휘	낱자(뜻과 음)		어휘 풀이
生活	生	活	움직여 살아나가는 것
생활	날(생)	살(활)	

어휘 확인하기

어휘	낱자(뜻과 음) 써보기		어휘 풀이 써보기
生活	生	活	
生活	(　)	(　)	
生活	生	活	
生活	(　)	(　)	
生活	生	活	
生活	(　)	(　)	

교과서 속 어휘 활용

어휘	어휘 써보기				교과서 속 어휘 활용
生活	生	活	生	活	생활 쓰레기를 줄인다.
생활	생	활	생	활	
生活	生	活	生	活	
생활	생	활	생	활	

확인 /

어휘 알기

어휘	낱자(뜻과 음)		어휘 풀이
交流	交	流	서로 섞여 흐름
교류	서로(교)	흐를(류)	

어휘 확인하기

어휘	낱자(뜻과 음) 써보기		어휘 풀이 써보기
交流	交	流	
交流	( )	( )	
交流	交	流	
交流	( )	( )	
交流	交	流	
交流	( )	( )	

교과서 속 어휘 활용

어휘	어휘 써보기				교과서 속 어휘 활용
交流	交	流	交	流	우리나라는 중국과 교류를 한다.
교류	교	류	교	류	
交流	交	流	交	流	
교류	교	류	교	류	

교환

확인 /

어휘 알기

어휘	낱자(뜻과 음)		어휘 풀이
交換	交	換	서로 바꿈
교환	서로(교)	바꿀(환)	

어휘 확인하기

어휘	낱자(뜻과 음) 써보기		어휘 풀이 써보기
交換	交	換	
交換	(　)	(　)	
交換	交	換	
交換	(　)	(　)	
交換	交	換	
交換	(　)	(　)	

교과서 속 어휘 활용

어휘	어휘 써보기				교과서 속 어휘 활용
交換	交	換	交	換	친구와 선물을 교환한다.
교환	교	환	교	환	
交換	交	換	交	換	
교환	교	환	교	환	

편견

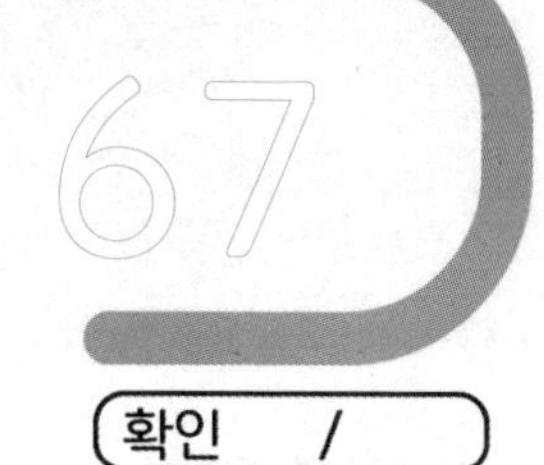

확인 /

어휘 알기

어휘	낱자(뜻과 음)		어휘 풀이
偏見	偏	見	한 쪽으로 치우치게 봄
편견	치우칠(편)	볼(견)	

어휘 확인하기

어휘	낱자(뜻과 음) 써보기		어휘 풀이 써보기
偏見	偏	見	
偏見	( )	( )	
偏見	偏	見	
偏見	( )	( )	
偏見	偏	見	
偏見	( )	( )	

교과서 속 어휘 활용

어휘	어휘 써보기				교과서 속 어휘 활용
偏見	偏	見	偏	見	다른 문화에 대해 편견을 가지지 않는다.
편견	편	견	편	견	
偏見	偏	見	偏	見	
편견	편	견	편	견	

차별

확인 /

어휘 알기

어휘	낱자(뜻과 음)		어휘 풀이
差別	差	別	둘 이상의 대상을 차이를 두어 구별함
차별	다를(차)	구별할(별)	

어휘 확인하기

어휘	낱자(뜻과 음) 써보기		어휘 풀이 써보기
差別	差	別	
差別	( )	( )	
差別	差	別	
差別	( )	( )	
差別	差	別	
差別	( )	( )	

교과서 속 어휘 활용

어휘	어휘 써보기				교과서 속 어휘 활용
差別	差	別	差	別	남성과 여성을 차별하면 안 된다.
차별	차	별	차	별	
差別	差	別	差	別	
차별	차	별	차	별	

동고

확인 /

어휘 알기

어휘	낱자(뜻과 음)		어휘 풀이
東高	東	高	동쪽이 높음
동고	동녘(동)	높을(고)	

어휘 확인하기

어휘	낱자(뜻과 음) 써보기		어휘 풀이 써보기
東高	東	高	
東高	(　)	(　)	
東高	東	高	
東高	(　)	(　)	
東高	東	高	
東高	(　)	(　)	

교과서 속 어휘 활용

어휘	어휘 써보기				교과서 속 어휘 활용
東高	東	高	東	高	우리나라의 지형은 동고서저이다.
동고	동	고	동	고	
東高	東	高	東	高	
동고	동	고	동	고	

70 서저

확인 /

어휘 알기

어휘	낱자(뜻과 음)		어휘 풀이
西低	西	低	서쪽이 낮음
서저	서녘(서)	낮을(저)	

어휘 확인하기

어휘	낱자(뜻과 음) 써보기		어휘 풀이 써보기
西低	西	低	
西低	(　)	(　)	
西低	西	低	
西低	(　)	(　)	
西低	西	低	
西低	(　)	(　)	

교과서 속 어휘 활용

어휘	어휘 써보기				교과서 속 어휘 활용
西低	西	低	西	低	우리나라의 지형은 동고서저이다.
서저	서	저	서	저	
西低	西	低	西	低	
서저	서	저	서	저	

항만

71

확인 /

어휘 알기

어휘	낱자(뜻과 음)		어휘 풀이
港灣	港	灣	바닷가가 굽어 배가 머물 수 있는 항구
항만	항구(항)	물굽이(만)	

어휘 확인하기

어휘	낱자(뜻과 음) 써보기		어휘 풀이 써보기
港灣	港	灣	
港灣	( )	( )	
港灣	港	灣	
港灣	( )	( )	
港灣	港	灣	
港灣	( )	( )	

교과서 속 어휘 활용

어휘	어휘 써보기				교과서 속 어휘 활용
港灣	港	灣	港	灣	항만은 풍랑을 막아준다.
항만	항	만	항	만	
港灣	港	灣	港	灣	
항만	항	만	항	만	

72 조선

확인 /

어휘 알기

어휘	낱자(뜻과 음)		어휘 풀이
造船	造	船	배를 만듦
조선	만들(조)	배(선)	

어휘 확인하기 | 어휘 확인하기

어휘	낱자(뜻과 음) 써보기		어휘 풀이 써보기
造船	造	船	
造船	( )	( )	
造船	造	船	
造船	( )	( )	
造船	造	船	
造船	( )	( )	

교과서 속 어휘 활용

어휘	어휘 써보기				교과서 속 어휘 활용
造船	造	船	造	船	우리나라의 조선 산업은 세계적으로 우수하다.
조선	조	선	조	선	
造船	造	船	造	船	
조선	조	선	조	선	

전통

73

확인 /

어휘 알기

어휘	낱자(뜻과 음)		어휘 풀이
傳統	傳	統	줄기를 이뤄 전하여 오는 것
전통	전할(전)	줄기(통)	

어휘 확인하기

어휘	낱자(뜻과 음) 써보기		어휘 풀이 써보기
傳統	傳	統	
傳統	( )	( )	
傳統	傳	統	
傳統	( )	( )	
傳統	傳	統	
傳統	( )	( )	

교과서 속 어휘 활용

어휘	어휘 써보기				교과서 속 어휘 활용
傳統	傳	統	傳	統	전통놀이에 윷놀이가 있다.
전통	전	통	전	통	
傳統	傳	統	傳	統	
전통	전	통	전	통	

74 혼례

확인 /

어휘 알기

어휘	낱자(뜻과 음)		어휘 풀이
婚禮	婚	禮	결혼의 예절
혼례	결혼할(혼)	예절(례)	

어휘 확인하기

어휘	낱자(뜻과 음) 써보기		어휘 풀이 써보기
婚禮	婚	禮	
婚禮	( )	( )	
婚禮	婚	禮	
婚禮	( )	( )	
婚禮	婚	禮	
婚禮	( )	( )	

교과서 속 어휘 활용

어휘	어휘 써보기				교과서 속 어휘 활용
婚禮	婚	禮	婚	禮	옛날에는 신부 집에서 혼례를 치렀다.
혼례	혼	례	혼	례	
婚禮	婚	禮	婚	禮	
혼례	혼	례	혼	례	

조손

75

확인 /

어휘 알기

어휘	낱자(뜻과 음)		어휘 풀이
祖孫	祖	孫	할아버지와 손자
조손	할아버지(조)	손자(손)	

어휘 확인하기

어휘	낱자(뜻과 음) 써보기		어휘 풀이 써보기
祖孫	祖	孫	
祖孫	( )	( )	
祖孫	祖	孫	
祖孫	( )	( )	
祖孫	祖	孫	
祖孫	( )	( )	

교과서 속 어휘 활용

어휘	어휘 써보기				교과서 속 어휘 활용
祖孫	祖	孫	祖	孫	부모의 이혼으로 조손 가족이 늘고 있다.
조손	조	손	조	손	
祖孫	祖	孫	祖	孫	
조손	조	손	조	손	

입양

확인 /

어휘 알기

어휘	낱자(뜻과 음)		어휘 풀이
入養	入	養	들여서 기름
입양	들(입)	기를(양)	

어휘 확인하기

어휘	낱자(뜻과 음) 써보기		어휘 풀이 써보기
入養	入	養	
入養	( )	( )	
入養	入	養	
入養	( )	( )	
入養	入	養	
入養	( )	( )	

교과서 속 어휘 활용

어휘	어휘 써보기				교과서 속 어휘 활용
入養	入	養	入	養	자식이 없어 입양을 했다.
입양	입	양	입	양	
入養	入	養	入	養	
입양	입	양	입	양	

유물

확인 /

어휘 알기

어휘	낱자(뜻과 음)		어휘 풀이
遺物	遺	物	남긴 물건
유물	남길(유)	물건(물)	

어휘 확인하기

어휘	낱자(뜻과 음) 써보기		어휘 풀이 써보기
遺物	遺	物	
遺物	( )	( )	
遺物	遺	物	
遺物	( )	( )	
遺物	遺	物	
遺物	( )	( )	

교과서 속 어휘 활용

어휘	어휘 써보기				교과서 속 어휘 활용
遺物	遺	物	遺	物	빗살무늬 토기는 신석기 시대 유물이다.
유물	유	물	유	물	
遺物	遺	物	遺	物	
유물	유	물	유	물	

78

유적

확인 /

어휘 알기

어휘	낱자(뜻과 음)		어휘 풀이
遺跡	遺	跡	남아있는 발자취
유적	남길(유)	발자취(적)	

어휘 확인하기

어휘	낱자(뜻과 음) 써보기		어휘 풀이 써보기
遺跡	遺	跡	
遺跡	( )	( )	
遺跡	遺	跡	
遺跡	( )	( )	
遺跡	遺	跡	
遺跡	( )	( )	

교과서 속 어휘 활용

어휘	어휘 써보기				교과서 속 어휘 활용
遺跡	遺	跡	遺	跡	고인돌 유적은 전국에 세워져 있다.
유적	유	적	유	적	
遺跡	遺	跡	遺	跡	
유적	유	적	유	적	

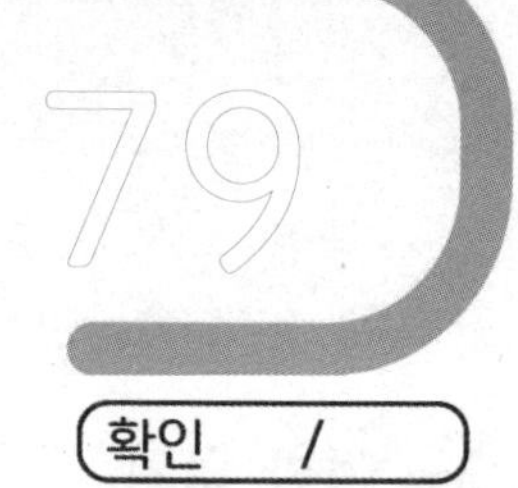

확인 /

어휘 알기

어휘	낱자(뜻과 음)			어휘 풀이
高齡化	高	齡	化	나이가 높은 상태가 되어감
고령화	높을(고)	나이(령)	될(화)	

어휘 확인하기

어휘	낱자(뜻과 음) 써보기			어휘 풀이 써보기
高齡化	高	齡	化	
高齡化	( )	( )	( )	
高齡化	高	齡	化	
高齡化	( )	( )	( )	
高齡化	高	齡	化	
高齡化	( )	( )	( )	

교과서 속 어휘 활용

어휘	어휘 써보기						교과서 속 어휘 활용
高齡化	高	齡	化	高	齡	化	촌락은 고령화 현상으로 일손이 부족하다.
고령화	고	령	화	고	령	화	
高齡化	高	齡	化	高	齡	化	
고령화	고	령	화	고	령	화	

80

저출산

확인 /

어휘 알기

어휘	낱자(뜻과 음)			어휘 풀이
低出産	低	出	産	태어나는 아이가 적음
저출산	낮을(저)	날(출)	낳을(산)	

어휘 확인하기

어휘	낱자(뜻과 음) 써보기			어휘 풀이 써보기
低出産	低	出	産	
低出産	( )	( )	( )	
低出産	低	出	産	
低出産	( )	( )	( )	
低出産	低	出	産	
低出産	( )	( )	( )	

교과서 속 어휘 활용

어휘	어휘 써보기						교과서 속 어휘 활용
低出産	低	出	産	低	出	産	저출산으로 학생 수가 줄어들고 있다.
저출산	저	출	산	저	출	산	
低出産	低	出	産	低	出	産	
저출산	저	출	산	저	출	산	

유민

81

확인 /

어휘 알기

어휘	낱자(뜻과 음)		어휘 풀이
遺民	遺	民	남겨진 백성
유민	남길(유)	백성(민)	

어휘 확인하기

어휘	낱자(뜻과 음) 써보기		어휘 풀이 써보기
遺民	遺	民	
遺民	( )	( )	
遺民	遺	民	
遺民	( )	( )	
遺民	遺	民	
遺民	( )	( )	

교과서 속 어휘 활용

어휘	어휘 써보기				교과서 속 어휘 활용
遺民	遺	民	遺	民	발해는 고구려 유민이 세웠다.
유민	유	민	유	민	
遺民	遺	民	遺	民	
유민	유	민	유	민	

호족

확인 /

어휘 알기

어휘	낱자(뜻과 음)		어휘 풀이
豪族	豪	族	우두머리 역할을 하는 친족집단
호족	우두머리(호)	겨레(족)	

어휘 확인하기

어휘	낱자(뜻과 음) 써보기		어휘 풀이 써보기
豪族	豪	族	
豪族	( )	( )	
豪族	豪	族	
豪族	( )	( )	
豪族	豪	族	
豪族	( )	( )	

교과서 속 어휘 활용

어휘	어휘 써보기				교과서 속 어휘 활용
豪族	豪	族	豪	族	왕건은 송악의 호족이다.
호족	호	족	호	족	
豪族	豪	族	豪	族	
호족	호	족	호	족	

확인 /

어휘 알기

어휘	낱자(뜻과 음)		어휘 풀이
國會	國	會	나라의 모임
국회	나라(국)	모일(회)	

어휘 확인하기

어휘	낱자(뜻과 음) 써보기		어휘 풀이 써보기
國會	國	會	
國會	( )	( )	
國會	國	會	
國會	( )	( )	
國會	國	會	
國會	( )	( )	

교과서 속 어휘 활용

어휘	어휘 써보기				교과서 속 어휘 활용
國會	國	會	國	會	국회에서는 법을 만든다.
국회	국	회	국	회	
國會	國	會	國	會	
국회	국	회	국	회	

정부

확인 /

어휘 알기

어휘	낱자(뜻과 음)		어휘 풀이
政府	政	府	나라를 다스리는 일을 하는 관청
정부	다스릴(정)	관청(부)	

어휘 확인하기

어휘	낱자(뜻과 음) 써보기		어휘 풀이 써보기
政府	政	府	
政府	( )	( )	
政府	政	府	
政府	( )	( )	
政府	政	府	
政府	( )	( )	

교과서 속 어휘 활용

어휘	어휘 써보기				교과서 속 어휘 활용
政府	政	府	政	府	정부의 가장 높은 책임자는 대통령이다.
정부	정	부	정	부	
政府	政	府	政	府	
정부	정	부	정	부	

권리

확인 /

어휘 알기

어휘	낱자(뜻과 음)		어휘 풀이
權利	權	利	이로운 권력
권리	권력(권)	이로울(리)	

어휘 확인하기

어휘	낱자(뜻과 음) 써보기		어휘 풀이 써보기
權利	權	利	
權利	( )	( )	
權利	權	利	
權利	( )	( )	
權利	權	利	
權利	( )	( )	

교과서 속 어휘 활용

어휘	어휘 써보기				교과서 속 어휘 활용
權利	權	利	權	利	참정권은 정치에 참여할 수 있는 권리이다.
권리	권	리	권	리	
權利	權	利	權	利	
권리	권	리	권	리	

의무

확인 /

어휘 알기

어휘	낱자(뜻과 음)		어휘 풀이
義務	義	務	올바르게 힘써서 해야 하는 것
의무	옳을(의)	힘쓸(무)	

어휘 확인하기

어휘	낱자(뜻과 음) 써보기		어휘 풀이 써보기
義務	義	務	
義務	( )	( )	
義務	義	務	
義務	( )	( )	
義務	義	務	
義務	( )	( )	

교과서 속 어휘 활용

어휘	어휘 써보기				교과서 속 어휘 활용
義務	義	務	義	務	국민에게는 환경 보전의 의무가 있다.
의무	의	무	의	무	
義務	義	務	義	務	
의무	의	무	의	무	

재화

(확인 /)

어휘 알기

어휘	낱자(뜻과 음)		어휘 풀이
財貨	財	貨	대가를 주고 얻을 수 있는 재물과 물건
재화	재물(재)	물건(화)	

어휘 확인하기

어휘	낱자(뜻과 음) 써보기		어휘 풀이 써보기
財貨	財	貨	
財貨	( )	( )	
財貨	財	貨	
財貨	( )	( )	
財貨	財	貨	
財貨	( )	( )	

교과서 속 어휘 활용

어휘	어휘 써보기				교과서 속 어휘 활용
財貨	財	貨	財	貨	재화는 형태가 있어서 만질 수 있거나 눈으로 볼 수 있는 것이다.
재화	재	화	재	화	
財貨	財	貨	財	貨	
재화	재	화	재	화	

외환

확인 /

어휘 알기

어휘	낱자(뜻과 음)		어휘 풀이
外換	外	換	다른 나라와 거래할 때 쓰는 돈이나 수단
외환	바깥(외)	바꿀(환)	

어휘 확인하기

어휘	낱자(뜻과 음) 써보기		어휘 풀이 써보기
外換	外	換	
外換	( )	( )	
外換	外	換	
外換	( )	( )	
外換	外	換	
外換	( )	( )	

교과서 속 어휘 활용

어휘	어휘 써보기				교과서 속 어휘 활용
外換	外	換	外	換	우리나라는 1997년에 외환위기를 겪었다.
외환	외	환	외	환	
外換	外	換	外	換	
외환	외	환	외	환	

확인 /

어휘 알기

어휘	낱자(뜻과 음)		어휘 풀이
事大	事	大	큰 나라를 섬김
사대	섬길(사)	큰(대)	

어휘 확인하기

어휘	낱자(뜻과 음) 써보기		어휘 풀이 써보기
事大	事	大	
事大	( )	( )	
事大	事	大	
事大	( )	( )	
事大	事	大	
事大	( )	( )	

교과서 속 어휘 활용

어휘	어휘 써보기				교과서 속 어휘 활용
事大	事	大	事	大	조선 초기 명나라와 사대 관계를 맺었다.
사대	사	대	사	대	
事大	事	大	事	大	
사대	사	대	사	대	

교린

확인 /

어휘 알기

어휘	낱자(뜻과 음)		어휘 풀이
交隣	交	隣	이웃과 사귐
교린	사귈(교)	이웃(린)	

어휘 확인하기

어휘	낱자(뜻과 음) 써보기		어휘 풀이 써보기
交隣	交	隣	
交隣	( )	( )	
交隣	交	隣	
交隣	( )	( )	
交隣	交	隣	
交隣	( )	( )	

교과서 속 어휘 활용

어휘	어휘 써보기				교과서 속 어휘 활용
交隣	交	隣	交	隣	일본과는 교린정책을 펼쳤다.
교린	교	린	교	린	
交隣	交	隣	交	隣	
교린	교	린	교	린	

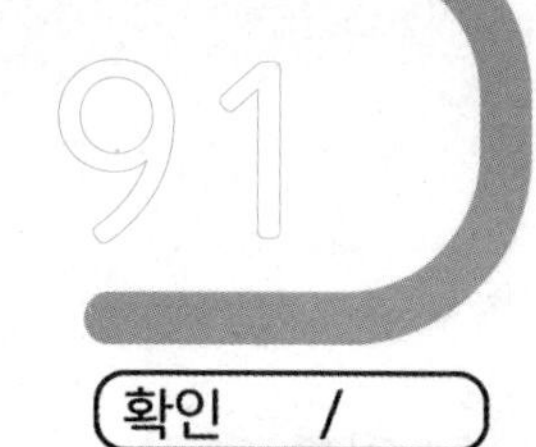

확인 /

어휘 알기

어휘	낱자(뜻과 음)		어휘 풀이
書院	書	院	조선시대 글을 읽는 교육기관
서원	글(서)	집(원)	

어휘 확인하기

어휘	낱자(뜻과 음) 써보기		어휘 풀이 써보기
書院	書	院	
書院	( )	( )	
書院	書	院	
書院	( )	( )	
書院	書	院	
書院	( )	( )	

교과서 속 어휘 활용

어휘	어휘 써보기				교과서 속 어휘 활용
書院	書	院	書	院	서원은 조선 시대 선비들이 학문을 공부하고 제사를 지내던 곳이다.
서원	서	원	서	원	
書院	書	院	書	院	
서원	서	원	서	원	

향교

확인 /

어휘 알기

어휘	낱자(뜻과 음)		어휘 풀이
鄕校	鄕	校	옛날 지방에 있던 교육기관
향교	시골(향)	학교(교)	

어휘 확인하기

어휘	낱자(뜻과 음) 써보기		어휘 풀이 써보기
鄕校	鄕	校	
鄕校	( )	( )	
鄕校	鄕	校	
鄕校	( )	( )	
鄕校	鄕	校	
鄕校	( )	( )	

교과서 속 어휘 활용

어휘	어휘 써보기				교과서 속 어휘 활용
鄕校	鄕	校	鄕	校	향교는 조선시대 지방교육기관이다.
향교	향	교	향	교	
鄕校	鄕	校	鄕	校	
향교	향	교	향	교	

삼권

확인 /

어휘 알기

어휘	낱자(뜻과 음)		어휘 풀이
三權	三	權	국가의 세 가지 권한
삼권	석(삼)	권력(권)	

어휘 확인하기

어휘	낱자(뜻과 음) 써보기		어휘 풀이 써보기
三權	三	權	
三權	( )	( )	
三權	三	權	
三權	( )	( )	
三權	三	權	
三權	( )	( )	

교과서 속 어휘 활용

어휘	어휘 써보기				교과서 속 어휘 활용
三權	三	權	三	權	국가의 권력을 삼권으로 나누었다.
삼권	삼	권	삼	권	
三權	三	權	三	權	
삼권	삼	권	삼	권	

94 분립

확인 /

어휘 알기

어휘	낱자(뜻과 음)		어휘 풀이
分立	分	立	나누어 세움
분립	나눌(분)	설(립)	

어휘 확인하기

어휘	낱자(뜻과 음) 써보기		어휘 풀이 써보기
分立	分	立	
分立	( )	( )	
分立	分	立	
分立	( )	( )	
分立	分	立	
分立	( )	( )	

교과서 속 어휘 활용

어휘	어휘 써보기				교과서 속 어휘 활용
分立	分	立	分	立	삼권분립제도는 견제와 균형을 이루기 위한 제도이다.
분립	분	립	분	립	
分立	分	立	分	立	
분립	분	립	분	립	

탐관

확인 /

어휘 알기

어휘	낱자(뜻과 음)		어휘 풀이
貪官	貪	官	벼슬을 탐냄
탐관	탐낼(탐)	벼슬(관)	

어휘 확인하기

어휘	낱자(뜻과 음) 써보기		어휘 풀이 써보기
貪官	貪	官	
貪官	( )	( )	
貪官	貪	官	
貪官	( )	( )	
貪官	貪	官	
貪官	( )	( )	

교과서 속 어휘 활용

어휘	어휘 써보기				교과서 속 어휘 활용
貪官	貪	官	貪	官	탐관오리의 횡포로 백성들의 삶이 힘들었다.
탐관	탐	관	탐	관	
貪官	貪	官	貪	官	
탐관	탐	관	탐	관	

오리

확인 /

어휘 알기

어휘	낱자(뜻과 음)		어휘 풀이
汚吏	汚	吏	더러운 관리
오리	더러울(오)	관리(리)	

어휘 확인하기

어휘	낱자(뜻과 음) 써보기		어휘 풀이 써보기
汚吏	汚	吏	
汚吏	( )	( )	
汚吏	汚	吏	
汚吏	( )	( )	
汚吏	汚	吏	
汚吏	( )	( )	

교과서 속 어휘 활용

어휘	어휘 써보기				교과서 속 어휘 활용
汚吏	汚	吏	汚	吏	탐관오리의 횡포로 백성들의 삶이 힘들었다.
오리	오	리	오	리	
汚吏	汚	吏	汚	吏	
오리	오	리	오	리	

실록

확인 /

어휘 알기

어휘	낱자(뜻과 음)		어휘 풀이
實錄	實	錄	실제 있는 그대로 기록한 역사책
실록	실제(실)	기록할(록)	

어휘 확인하기

어휘	낱자(뜻과 음) 써보기		어휘 풀이 써보기
實錄	實	錄	
實錄	( )	( )	
實錄	實	錄	
實錄	( )	( )	
實錄	實	錄	
實錄	( )	( )	

교과서 속 어휘 활용

어휘	어휘 써보기				교과서 속 어휘 활용
實錄	實	錄	實	錄	조선왕조실록은 세계기록유산이다.
실록	실	록	실	록	
實錄	實	錄	實	錄	
실록	실	록	실	록	

실학

확인 /

어휘 알기

어휘	낱자(뜻과 음)		어휘 풀이
實學	實	學	실제 생활에 쓰이는 학문
실학	실제(실)	학문(학)	

어휘 확인하기

어휘	낱자(뜻과 음) 써보기		어휘 풀이 써보기
實學	實	學	
實學	(　)	(　)	
實學	實	學	
實學	(　)	(　)	
實學	實	學	
實學	(　)	(　)	

교과서 속 어휘 활용

어휘	어휘 써보기				교과서 속 어휘 활용
實學	實	學	實	學	정약용은 실학을 집대성한 학자이다.
실학	실	학	실	학	
實學	實	學	實	學	
실학	실	학	실	학	

분단

확인 /

어휘 알기

어휘	낱자(뜻과 음)		어휘 풀이
分斷	分	斷	나뉘어 끊어짐
분단	나눌(분)	끊을(단)	

어휘 확인하기

어휘	낱자(뜻과 음) 써보기		어휘 풀이 써보기
分斷	分	斷	
分斷	( )	( )	
分斷	分	斷	
分斷	( )	( )	
分斷	分	斷	
分斷	( )	( )	

교과서 속 어휘 활용

어휘	어휘 써보기				교과서 속 어휘 활용
分斷	分	斷	分	斷	우리나라는 남북이 분단되었다.
분단	분	단	분	단	
分斷	分	斷	分	斷	
분단	분	단	분	단	

100 통일

확인 /

어휘 알기

어휘	낱자(뜻과 음)		어휘 풀이
統一	統	一	하나로 합침
통일	합칠(통)	하나(일)	

어휘 확인하기

어휘	낱자(뜻과 음) 써보기		어휘 풀이 써보기
統一	統	一	
統一	( )	( )	
統一	統	一	
統一	( )	( )	
統一	統	一	
統一	( )	( )	

교과서 속 어휘 활용

어휘	어휘 써보기				교과서 속 어휘 활용
統一	統	一	統	一	남과 북이 서로 통일을 위한 노력을 해야 한다.
통일	통	일	통	일	
統一	統	一	統	一	
통일	통	일	통	일	

교과서 한자어

수학

101~150

漢字語

평면

101

확인 /

어휘 알기

어휘	낱자(뜻과 음)		어휘 풀이
平面	平	面	평평한 면
평면	평평할(평)	면(면)	

어휘 확인하기

어휘	낱자(뜻과 음) 써보기		어휘 풀이 써보기
平面	平	面	
平面	( )	( )	
平面	平	面	
平面	( )	( )	
平面	平	面	
平面	( )	( )	

교과서 속 어휘 활용

어휘	어휘 써보기				교과서 속 어휘 활용
平面	平	面	平	面	삼각형은 평면도형이다.
평면	평	면	평	면	
平面	平	面	平	面	
평면	평	면	평	면	

102

도형

확인 /

어휘 알기

어휘	낱자(뜻과 음)		어휘 풀이
圖形	圖	形	그림의 모양
도형	그림(도)	모양(형)	

어휘 확인하기

어휘	낱자(뜻과 음) 써보기		어휘 풀이 써보기
圖形	圖	形	
圖形	( )	( )	
圖形	圖	形	
圖形	( )	( )	
圖形	圖	形	
圖形	( )	( )	

교과서 속 어휘 활용

어휘	어휘 써보기				교과서 속 어휘 활용
圖形	圖	形	圖	形	원은 평면도형이다.
도형	도	형	도	형	
圖形	圖	形	圖	形	
도형	도	형	도	형	

분수 103

확인 /

어휘 알기

어휘	낱자(뜻과 음)		어휘 풀이
分數	分	數	전체를 똑같이 나눈 것 중의 부분을 수로 나타낸 것
분수	나눌(분)	숫자(수)	

어휘 확인하기

어휘	낱자(뜻과 음) 써보기		어휘 풀이 써보기
分數	分	數	
分數	( )	( )	
分數	分	數	
分數	( )	( )	
分數	分	數	
分數	( )	( )	

교과서 속 어휘 활용

어휘	어휘 써보기				교과서 속 어휘 활용
分數	分	數	分	數	1을 2로 나눈 수는 분수로 $\frac{1}{2}$ 이 된다.
분수	분	수	분	수	
分數	分	數	分	數	
분수	분	수	분	수	

104

소수

확인 /

어휘 알기

어휘	낱자(뜻과 음)		어휘 풀이
小數	小	數	1보다 작은 수
소수	작을(소)	숫자(수)	

어휘 확인하기

어휘	낱자(뜻과 음) 써보기		어휘 풀이 써보기
小數	小	數	
小數	( )	( )	
小數	小	數	
小數	( )	( )	
小數	小	數	
小數	( )	( )	

교과서 속 어휘 활용

어휘	어휘 써보기				교과서 속 어휘 활용
小數	小	數	小	數	0.5는 소수이다.
소수	소	수	소	수	
小數	小	數	小	數	
소수	소	수	소	수	

각도

105

확인 /

어휘 알기

어휘	낱자(뜻과 음)		어휘 풀이
角度	角	度	각을 이루는 두 직선의 벌어진 정도
각도	뿔(각)	정도(도)	

어휘 확인하기

어휘	낱자(뜻과 음) 써보기		어휘 풀이 써보기
角度	角	度	
角度	(　)	(　)	
角度	角	度	
角度	(　)	(　)	
角度	角	度	
角度	(　)	(　)	

교과서 속 어휘 활용

어휘	어휘 써보기				교과서 속 어휘 활용
角度	角	度	角	度	각도를 나타내는 기본단위는 '도'이다.
각도	각	도	각	도	
角度	角	度	角	度	
각도	각	도	각	도	

106

직각

확인 /

어휘 알기

어휘	낱자(뜻과 음)		어휘 풀이
直角	直	角	두 직선이 만나서 90°를 이루는 각
직각	곧을(직)	뿔(각)	

어휘 확인하기

어휘	낱자(뜻과 음) 써보기		어휘 풀이 써보기
直角	直	角	
直角	( )	( )	
直角	直	角	
直角	( )	( )	
直角	直	角	
直角	( )	( )	

교과서 속 어휘 활용

어휘	어휘 써보기				교과서 속 어휘 활용
直角	直	角	直	角	직각은 90°이다.
직각	직	각	직	각	
直角	直	角	直	角	
직각	직	각	직	각	

예각 107

확인 /

어휘 알기

어휘	낱자(뜻과 음)		어휘 풀이
銳角	銳	角	직각보다 작은 각
예각	날카로울(예)	뿔(각)	

어휘 확인하기

어휘	낱자(뜻과 음) 써보기		어휘 풀이 써보기
銳角	銳	角	
銳角	( )	( )	
銳角	銳	角	
銳角	( )	( )	
銳角	銳	角	
銳角	( )	( )	

교과서 속 어휘 활용

어휘	어휘 써보기				교과서 속 어휘 활용
銳角	銳	角	銳	角	60°는 예각이다.
예각	예	각	예	각	
銳角	銳	角	銳	角	
예각	예	각	예	각	

108

둔각

확인 /

어휘 알기

어휘	낱자(뜻과 음)		어휘 풀이
鈍角	鈍	角	직각보다 크고 180°보다 작은 각
둔각	둔할(둔)	뿔(각)	

어휘 확인하기

어휘	낱자(뜻과 음) 써보기		어휘 풀이 써보기
鈍角	鈍	角	
鈍角	( )	( )	
鈍角	鈍	角	
鈍角	( )	( )	
鈍角	鈍	角	
鈍角	( )	( )	

교과서 속 어휘 활용

어휘	어휘 써보기				교과서 속 어휘 활용
鈍角	鈍	角	鈍	角	120°는 둔각이다.
둔각	둔	각	둔	각	
鈍角	鈍	角	鈍	角	
둔각	둔	각	둔	각	

수직

109

확인 /

어휘 알기

어휘	낱자(뜻과 음)		어휘 풀이
垂直	垂	直	곧게 늘어뜨린 상태
수직	늘어뜨릴(수)	곧을(직)	

어휘 확인하기

어휘	낱자(뜻과 음) 써보기		어휘 풀이 써보기
垂直	垂	直	
垂直	( )	( )	
垂直	垂	直	
垂直	( )	( )	
垂直	垂	直	
垂直	( )	( )	

교과서 속 어휘 활용

어휘	어휘 써보기				교과서 속 어휘 활용
垂直	垂	直	垂	直	두 직선이 직각으로 만날 때, 서로 수직이라고 한다.
수직	수	직	수	직	
垂直	垂	直	垂	直	
수직	수	직	수	직	

110

수선

확인 /

어휘 알기

어휘	낱자(뜻과 음)		어휘 풀이
垂線	垂	線	일정한 직선이나 평면과 직각을 이루는 직선
수선	늘어뜨릴(수)	선(선)	

어휘 확인하기

어휘	낱자(뜻과 음) 써보기		어휘 풀이 써보기
垂線	垂	線	
垂線	( )	( )	
垂線	垂	線	
垂線	( )	( )	
垂線	垂	線	
垂線	( )	( )	

교과서 속 어휘 활용

어휘	어휘 써보기				교과서 속 어휘 활용
垂線	垂	線	垂	線	두 직선이 수직일 때, 한 직선을 다른 직선에 대한 수선이라고 한다.
수선	수	선	수	선	
垂線	垂	線	垂	線	
수선	수	선	수	선	

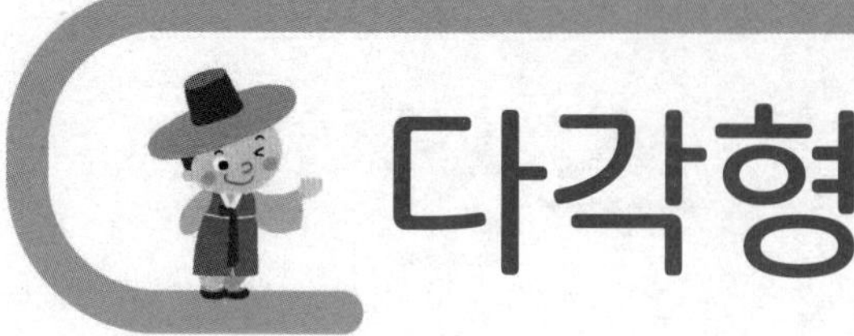

다각형

111

확인 /

어휘 알기

어휘	낱자(뜻과 음)			어휘 풀이
多角形	多	角	形	각이 여러 개인 모양
다각형	많을(다)	뿔(각)	모양(형)	

어휘 확인하기

어휘	낱자(뜻과 음) 써보기			어휘 풀이 써보기
多角形	多	角	形	
多角形	( )	( )	( )	
多角形	多	角	形	
多角形	( )	( )	( )	
多角形	多	角	形	
多角形	( )	( )	( )	

교과서 속 어휘 활용

어휘	어휘 써보기						교과서 속 어휘 활용
多角形	多	角	形	多	角	形	삼각형은 다각형이다.
다각형	다	각	형	다	각	형	
多角形	多	角	形	多	角	形	
다각형	다	각	형	다	각	형	

112 대각선

확인 /

어휘 알기

어휘	낱자(뜻과 음)			어휘 풀이
對角線	對	角	線	서로 마주하는 각끼리 이은 선
대각선	마주할(대)	뿔(각)	선(선)	

어휘 확인하기

어휘	낱자(뜻과 음) 써보기			어휘 풀이 써보기
對角線	對	角	線	
對角線	( )	( )	( )	
對角線	對	角	線	
對角線	( )	( )	( )	
對角線	對	角	線	
對角線	( )	( )	( )	

교과서 속 어휘 활용

어휘	어휘 써보기						교과서 속 어휘 활용
對角線	對	角	線	對	角	線	사각형은 대각선이 2개이다.
대각선	대	각	선	대	각	선	
對角線	對	角	線	對	角	線	
대각선	대	각	선	대	각	선	

선분

113

확인 /

어휘 알기

어휘	낱자(뜻과 음)		어휘 풀이
線分	線	分	나누어진 선(두 점을 이은 선)
선분	선(선)	나눌(분)	

어휘 확인하기

어휘	낱자(뜻과 음) 써보기		어휘 풀이 써보기
線分	線	分	
線分	( )	( )	
線分	線	分	
線分	( )	( )	
線分	線	分	
線分	( )	( )	

교과서 속 어휘 활용

어휘	어휘 써보기				교과서 속 어휘 활용
線分	線	分	線	分	선분은 양 끝점이 있어서 길이를 잴 수 있다.
선분	선	분	선	분	
線分	線	分	線	分	
선분	선	분	선	분	

114 직선

확인 /

어휘 알기

어휘	낱자(뜻과 음)		어휘 풀이
直線	直	線	끝없이 곧게 늘인 선
직선	곧을(직)	선(선)	

어휘 확인하기

어휘	낱자(뜻과 음) 써보기		어휘 풀이 써보기
直線	直	線	
直線	( )	( )	
直線	直	線	
直線	( )	( )	
直線	直	線	
直線	( )	( )	

교과서 속 어휘 활용

어휘	어휘 써보기				교과서 속 어휘 활용
直線	直	線	直	線	직선은 길이를 잴 수 없다.
직선	직	선	직	선	
直線	直	線	直	線	
직선	직	선	직	선	

규칙 115

확인 /

어휘 알기

어휘	낱자(뜻과 음)		어휘 풀이
規則	規	則	법처럼 정해진 순서가 있음
규칙	법(규)	법칙(칙)	

어휘 확인하기

어휘	낱자(뜻과 음) 써보기		어휘 풀이 써보기
規則	規	則	
規則	( )	( )	
規則	規	則	
規則	( )	( )	
規則	規	則	
規則	( )	( )	

교과서 속 어휘 활용

어휘	어휘 써보기				교과서 속 어휘 활용
規則	規	則	規	則	1-2-3-4는 1씩 커지는 규칙이다.
규칙	규	칙	규	칙	
規則	規	則	規	則	
규칙	규	칙	규	칙	

116

배열

확인 /

어휘 알기

어휘	낱자(뜻과 음)		어휘 풀이
配列	配	列	일정한 차례나 간격에 따라 나누어 벌여 놓음
배열	나눌(배)	벌일(열)	

어휘 확인하기

어휘	낱자(뜻과 음) 써보기		어휘 풀이 써보기
配列	配	列	
配列	( )	( )	
配列	配	列	
配列	( )	( )	
配列	配	列	
配列	( )	( )	

교과서 속 어휘 활용

어휘	어휘 써보기				교과서 속 어휘 활용
配列	配	列	配	列	규칙을 찾아 수를 배열한다.
배열	배	열	배	열	
配列	配	列	配	列	
배열	배	열	배	열	

배수

117

확인 /

어휘 알기

어휘	낱자(뜻과 음)		어휘 풀이
倍數	倍	數	어떤 수의 곱이 되는 수
배수	곱(배)	숫자(수)	

어휘 확인하기

어휘	낱자(뜻과 음) 써보기		어휘 풀이 써보기
倍數	倍	數	
倍數	( )	( )	
倍數	倍	數	
倍數	( )	( )	
倍數	倍	數	
倍數	( )	( )	

교과서 속 어휘 활용

어휘	어휘 써보기				교과서 속 어휘 활용
倍數	倍	數	倍	數	20은 10의 배수이다.
배수	배	수	배	수	
倍數	倍	數	倍	數	
배수	배	수	배	수	

118

약수

확인 /

어휘 알기

어휘	낱자(뜻과 음)		어휘 풀이
約數	約	數	어떤 수를 묶어 나누었을 때 나머지가 0인 수
약수	묶을(약)	숫자(수)	

어휘 확인하기

어휘	낱자(뜻과 음) 써보기		어휘 풀이 써보기
約數	約	數	
約數	( )	( )	
約數	約	數	
約數	( )	( )	
約數	約	數	
約數	( )	( )	

교과서 속 어휘 활용

어휘	어휘 써보기				교과서 속 어휘 활용
約數	約	數	約	數	6의 약수는 1, 2, 3, 6이다.
약수	약	수	약	수	
約數	約	數	約	數	
약수	약	수	약	수	

약분

119

확인 /

어휘 알기

어휘	낱자(뜻과 음)		어휘 풀이
約分	約	分	분수의 분자와 분모를 공약수로 나누어 간단하게 함
약분	묶을(약)	나눌(분)	

어휘 확인하기

어휘	낱자(뜻과 음) 써보기		어휘 풀이 써보기
約分	約	分	
約分	( )	( )	
約分	約	分	
約分	( )	( )	
約分	約	分	
約分	( )	( )	

교과서 속 어휘 활용

어휘	어휘 써보기				교과서 속 어휘 활용
約分	約	分	約	分	짝수는 2로 약분된다.
약분	약	분	약	분	
約分	約	分	約	分	
약분	약	분	약	분	

120 통분

확인 /

어휘 알기

어휘	낱자(뜻과 음)		어휘 풀이
通分	通	分	분수의 분모를 통하여 같게 함
통분	통할(통)	나눌(분)	

어휘 확인하기

어휘	낱자(뜻과 음) 써보기		어휘 풀이 써보기
通分	通	分	
通分	( )	( )	
通分	通	分	
通分	( )	( )	
通分	通	分	
通分	( )	( )	

교과서 속 어휘 활용

어휘	어휘 써보기				교과서 속 어휘 활용
通分	通	分	通	分	통분하면 분모가 같아진다.
통분	통	분	통	분	
通分	通	分	通	分	
통분	통	분	통	분	

분모

121

확인 /

어휘 알기

어휘	낱자(뜻과 음)		어휘 풀이
分母	分	母	분수에서 가로줄 아래의 수
분모	나눌(분)	어미(모)	

어휘 확인하기

어휘	낱자(뜻과 음) 써보기		어휘 풀이 써보기
分母	分	母	
分母	( )	( )	
分母	分	母	
分母	( )	( )	
分母	分	母	
分母	( )	( )	

교과서 속 어휘 활용

어휘	어휘 써보기				교과서 속 어휘 활용
分母	分	母	分	母	$\frac{1}{3}$ 에서 분모는 3이다.
분모	분	모	분	모	
分母	分	母	分	母	
분모	분	모	분	모	

122

분자

확인 /

어휘 알기

어휘	낱자(뜻과 음)		어휘 풀이
分子	分	子	분수에서 가로 줄 위의 수
분자	나눌(분)	아들(자)	

어휘 확인하기

어휘	낱자(뜻과 음) 써보기		어휘 풀이 써보기
分子	分	子	
分子	( )	( )	
分子	分	子	
分子	( )	( )	
分子	分	子	
分子	( )	( )	

교과서 속 어휘 활용

어휘	어휘 써보기				교과서 속 어휘 활용
分子	分	子	分	子	$\frac{1}{3}$ 에서 분자는 1이다.
분자	분	자	분	자	
分子	分	子	分	子	
분자	분	자	분	자	

대응

123

확인 /

어휘 알기

어휘	낱자(뜻과 음)		어휘 풀이
對應	對	應	마주하여 서로 짝이 되는 것
대응	마주할(대)	응할(응)	

어휘 확인하기

어휘	낱자(뜻과 음) 써보기		어휘 풀이 써보기
對應	對	應	
對應	( )	( )	
對應	對	應	
對應	( )	( )	
對應	對	應	
對應	( )	( )	

교과서 속 어휘 활용

어휘	어휘 써보기				교과서 속 어휘 활용
對應	對	應	對	應	두 도형이 완전히 포개어질 때 겹쳐지는 변을 대응변이라 한다.
대응	대	응	대	응	
對應	對	應	對	應	
대응	대	응	대	응	

124

대칭

확인 /

어휘 알기

어휘	낱자(뜻과 음)		어휘 풀이
對稱	對	稱	중심선을 기준으로 상하좌우의 같은 거리에서 마주 보는 것
대칭	마주할(대)	저울(칭)	

어휘 확인하기

어휘	낱자(뜻과 음) 써보기		어휘 풀이 써보기
對稱	對	稱	
對稱	( )	( )	
對稱	對	稱	
對稱	( )	( )	
對稱	對	稱	
對稱	( )	( )	

교과서 속 어휘 활용

어휘	어휘 써보기				교과서 속 어휘 활용
對稱	對	稱	對	稱	반으로 접었을 때 완전히 겹쳐지면 대칭이라 할 수 있다.
대칭	대	칭	대	칭	
對稱	對	稱	對	稱	
대칭	대	칭	대	칭	

단위

125

확인 /

어휘 알기

어휘	낱자(뜻과 음)		어휘 풀이
單位	單	位	길이와 양의 기초가 되는 하나의 기준.
단위	하나(단)	자리(위)	

어휘 확인하기

어휘	낱자(뜻과 음) 써보기		어휘 풀이 써보기
單位	單	位	
單位	( )	( )	
單位	單	位	
單位	( )	( )	
單位	單	位	
單位	( )	( )	

교과서 속 어휘 활용

어휘	어휘 써보기				교과서 속 어휘 활용
單位	單	位	單	位	mm는 길이의 단위이다.
단위	단	위	단	위	
單位	單	位	單	位	
단위	단	위	단	위	

126 평균

확인 /

어휘 알기

어휘	낱자(뜻과 음)		어휘 풀이
平均	平	均	전체를 더한 합을 개수로 나눈 값
평균	평평할(평)	고를(균)	

어휘 확인하기

어휘	낱자(뜻과 음) 써보기		어휘 풀이 써보기
平均	平	均	
平均	(　)	(　)	
平均	平	均	
平均	(　)	(　)	
平均	平	均	
平均	(　)	(　)	

교과서 속 어휘 활용

어휘	어휘 써보기				교과서 속 어휘 활용
平均	平	均	平	均	2와 4의 평균은 3이다.
평균	평	균	평	균	
平均	平	均	平	均	
평균	평	균	평	균	

비율

127

(확인 /)

어휘 알기

어휘	낱자(뜻과 음)		어휘 풀이
比率	比	率	견주어 차이를 비교함
비율	견줄(비)	비율(율)	

어휘 확인하기

어휘	낱자(뜻과 음) 써보기		어휘 풀이 써보기
比率	比	率	
比率	( )	( )	
比率	比	率	
比率	( )	( )	
比率	比	率	
比率	( )	( )	

교과서 속 어휘 활용

어휘	어휘 써보기				교과서 속 어휘 활용
比率	比	率	比	率	비율은 기준량에 대한 비교하는 양의 크기를 말한다.
비율	비	율	비	율	
比率	比	率	比	率	
비율	비	율	비	율	

128

비례

확인 /

어휘 알기

어휘	낱자(뜻과 음)		어휘 풀이
比例	比	例	한쪽이 증가하는 만큼 그와 관련 있는 다른 쪽도 증가함
비례	견줄(비)	규칙(례)	

어휘 확인하기

어휘	낱자(뜻과 음) 써보기		어휘 풀이 써보기
比例	比	例	
比例	( )	( )	
比例	比	例	
比例	( )	( )	
比例	比	例	
比例	( )	( )	

교과서 속 어휘 활용

어휘	어휘 써보기				교과서 속 어휘 활용
比例	比	例	比	例	정비례는 한쪽이 커지면 다른 쪽도 커지는 것이다.
비례	비	례	비	례	
比例	比	例	比	例	
비례	비	례	비	례	

이상 129

확인 /

어휘 알기

어휘	낱자(뜻과 음)		어휘 풀이
以上	以	上	어떤 기준으로부터 그 위
이상	부터(이)	위(상)	

어휘 확인하기

어휘	낱자(뜻과 음) 써보기		어휘 풀이 써보기
以上	以	上	
以上	( )	( )	
以上	以	上	
以上	( )	( )	
以上	以	上	
以上	( )	( )	

교과서 속 어휘 활용

어휘	어휘 써보기				교과서 속 어휘 활용
以上	以	上	以	上	5 이상 7이하인 수는 5, 6, 7이다.
이상	이	상	이	상	
以上	以	上	以	上	
이상	이	상	이	상	

130 이하

확인 /

어휘 알기

어휘	낱자(뜻과 음)		어휘 풀이
以下	以	下	어떤 기준으로부터 그 아래
이하	부터(이)	아래(하)	

어휘 확인하기

어휘	낱자(뜻과 음) 써보기		어휘 풀이 써보기
以下	以	下	
以下	( )	( )	
以下	以	下	
以下	( )	( )	
以下	以	下	
以下	( )	( )	

교과서 속 어휘 활용

어휘	어휘 써보기				교과서 속 어휘 활용
以下	以	下	以	下	5 이상 7이하인 수는 5, 6, 7이다.
이하	이	하	이	하	
以下	以	下	以	下	
이하	이	하	이	하	

초과

131

확인 /

어휘 알기

어휘	낱자(뜻과 음)		어휘 풀이
超過	超	過	일정한 한도를 벗어나 지남
초과	넘을(초)	지날(과)	

어휘 확인하기

어휘	낱자(뜻과 음) 써보기		어휘 풀이 써보기
超過	超	過	
超過	( )	( )	
超過	超	過	
超過	( )	( )	
超過	超	過	
超過	( )	( )	

교과서 속 어휘 활용

어휘	어휘 써보기				교과서 속 어휘 활용
超過	超	過	超	過	3초과 5미만인 수는 4이다.
초과	초	과	초	과	
超過	超	過	超	過	
초과	초	과	초	과	

132

미만

확인 /

어휘 알기

어휘	낱자(뜻과 음)		어휘 풀이
未滿	未	滿	정한 수나 정도에 아직 차지 못함
미만	아닐(미)	찰(만)	

어휘 확인하기

어휘	낱자(뜻과 음) 써보기		어휘 풀이 써보기
未滿	未	滿	
未滿	( )	( )	
未滿	未	滿	
未滿	( )	( )	
未滿	未	滿	
未滿	( )	( )	

교과서 속 어휘 활용

어휘	어휘 써보기				교과서 속 어휘 활용
未滿	未	滿	未	滿	3초과 5미만인 수는 4이다.
미만	미	만	미	만	
未滿	未	滿	未	滿	
미만	미	만	미	만	

계산

133

확인 /

어휘 알기

어휘	낱자(뜻과 음)		어휘 풀이
計算	計	算	수나 양을 헤아려 셈하는 것
계산	헤아릴(계)	셈(산)	

어휘 확인하기

어휘	낱자(뜻과 음) 써보기		어휘 풀이 써보기
計算	計	算	
計算	( )	( )	
計算	計	算	
計算	( )	( )	
計算	計	算	
計算	( )	( )	

교과서 속 어휘 활용

어휘	어휘 써보기				교과서 속 어휘 활용
計算	計	算	計	算	덧셈을 이용하여 계산해 보자.
계산	계	산	계	산	
計算	計	算	計	算	
계산	계	산	계	산	

134 검산

확인 /

어휘 알기

어휘	낱자(뜻과 음)		어휘 풀이
檢算	檢	算	셈이 맞는지 검사하는 것
검산	검사할(검)	셈(산)	

어휘 확인하기

어휘	낱자(뜻과 음) 써보기		어휘 풀이 써보기
檢算	檢	算	
檢算	( )	( )	
檢算	檢	算	
檢算	( )	( )	
檢算	檢	算	
檢算	( )	( )	

교과서 속 어휘 활용

어휘	어휘 써보기				교과서 속 어휘 활용
檢算	檢	算	檢	算	나눗셈이 맞는지 검산해 보자.
검산	검	산	검	산	
檢算	檢	算	檢	算	
검산	검	산	검	산	

합동

135

확인 /

어휘 알기

어휘	낱자(뜻과 음)		어휘 풀이
合同	合	同	하나로 합쳐짐
합동	합할(합)	한 가지(동)	

어휘 확인하기

어휘	낱자(뜻과 음) 써보기		어휘 풀이 써보기
合同	合	同	
合同	( )	( )	
合同	合	同	
合同	( )	( )	
合同	合	同	
合同	( )	( )	

교과서 속 어휘 활용

어휘	어휘 써보기				교과서 속 어휘 활용
合同	合	同	合	同	합동인 도형은 점, 각, 변이 같다.
합동	합	동	합	동	
合同	合	同	合	同	
합동	합	동	합	동	

136 회전

확인 /

어휘 알기

어휘	낱자(뜻과 음)		어휘 풀이
回轉	回	轉	한 직선을 축으로 하여 한번 돌림
회전	돌(회)	구를(전)	

어휘 확인하기

어휘	낱자(뜻과 음) 써보기		어휘 풀이 써보기
回轉	回	轉	
回轉	( )	( )	
回轉	回	轉	
回轉	( )	( )	
回轉	回	轉	
回轉	( )	( )	

교과서 속 어휘 활용

어휘	어휘 써보기				교과서 속 어휘 활용
回轉	回	轉	回	轉	원기둥은 회전체이다.
회전	회	전	회	전	
回轉	回	轉	回	轉	
회전	회	전	회	전	

선대칭

137

확인 /

어휘 알기

어휘	낱자(뜻과 음)			어휘 풀이
線對稱	線	對	稱	어떤 직선을 중심으로 접었을 때 완전히 겹치는 것
선대칭	선(선)	마주할(대)	저울(칭)	

어휘 확인하기

어휘	낱자(뜻과 음) 써보기			어휘 풀이 써보기
線對稱	線	對	稱	
線對稱	( )	( )	( )	
線對稱	線	對	稱	
線對稱	( )	( )	( )	
線對稱	線	對	稱	
線對稱	( )	( )	( )	

교과서 속 어휘 활용

어휘	어휘 써보기						교과서 속 어휘 활용
線對稱	線	對	稱	線	對	稱	선대칭 도형은 왼쪽과 오른쪽 모양이 같다.
선대칭	선	대	칭	선	대	칭	
線對稱	線	對	稱	線	對	稱	
선대칭	선	대	칭	선	대	칭	

138

점대칭

확인 /

어휘 알기

어휘	낱자(뜻과 음)			어휘 풀이
點對稱	點	對	稱	어떤 점을 중심으로 180° 돌렸을 때 처음과 완전히 겹치는 것
점대칭	점(점)	마주할(대)	저울(칭)	

어휘 확인하기

어휘	낱자(뜻과 음) 써보기			어휘 풀이 써보기
點對稱	點	對	稱	
點對稱	( )	( )	( )	
點對稱	點	對	稱	
點對稱	( )	( )	( )	
點對稱	點	對	稱	
點對稱	( )	( )	( )	

교과서 속 어휘 활용

어휘	어휘 써보기						교과서 속 어휘 활용
點對稱	點	對	稱	點	對	稱	정사각형은 점대칭 도형이다.
점대칭	점	대	칭	점	대	칭	
點對稱	點	對	稱	點	對	稱	
점대칭	점	대	칭	점	대	칭	

등분

139

확인 /

어휘 알기

어휘	낱자(뜻과 음)		어휘 풀이
等分	等	分	똑같이 나눔
등분	같을(등)	나눌(분)	

어휘 확인하기

어휘	낱자(뜻과 음) 써보기		어휘 풀이 써보기
等分	等	分	
等分	( )	( )	
等分	等	分	
等分	( )	( )	
等分	等	分	
等分	( )	( )	

교과서 속 어휘 활용

어휘	어휘 써보기				교과서 속 어휘 활용
等分	等	分	等	分	사각형을 이등분하면 삼각형이 된다.
등분	등	분	등	분	
等分	等	分	等	分	
등분	등	분	등	분	

140

등변

확인 /

어휘 알기

어휘	낱자(뜻과 음)		어휘 풀이
等邊	等	邊	두 변의 길이가 같음
등변	같을(등)	가장자리(변)	

어휘 확인하기

어휘	낱자(뜻과 음) 써보기		어휘 풀이 써보기
等邊	等	邊	
等邊	( )	( )	
等邊	等	邊	
等邊	( )	( )	
等邊	等	邊	
等邊	( )	( )	

교과서 속 어휘 활용

어휘	어휘 써보기				교과서 속 어휘 활용
等邊	等	邊	等	邊	이등변 삼각형은 두 변의 길이가 같다.
등변	등	변	등	변	
等邊	等	邊	等	邊	
등변	등	변	등	변	

원주

141

확인 /

어휘 알기

어휘	낱자(뜻과 음)		어휘 풀이
圓周	圓	周	원 둘레의 길이
원주	둥글(원)	두루(주)	

어휘 확인하기

어휘	낱자(뜻과 음) 써보기		어휘 풀이 써보기
圓周	圓	周	
圓周	(　)	(　)	
圓周	圓	周	
圓周	(　)	(　)	
圓周	圓	周	
圓周	(　)	(　)	

교과서 속 어휘 활용

어휘	어휘 써보기				교과서 속 어휘 활용
圓周	圓	周	圓	周	원주율은 약 3.14이다.
원주	원	주	원	주	
圓周	圓	周	圓	周	
원주	원	주	원	주	

142

중심

확인 /

어휘 알기

어휘	낱자(뜻과 음)		어휘 풀이
中心	中	心	한 가운데
중심	가운데(중)	마음(심)	

어휘 확인하기

어휘	낱자(뜻과 음) 써보기		어휘 풀이 써보기
中心	中	心	
中心	( )	( )	
中心	中	心	
中心	( )	( )	
中心	中	心	
中心	( )	( )	

교과서 속 어휘 활용

어휘	어휘 써보기				교과서 속 어휘 활용
中心	中	心	中	心	점대칭 도형은 점을 중심으로 180° 돌린다.
중심	중	심	중	심	
中心	中	心	中	心	
중심	중	심	중	심	

등식 143

확인 /

어휘 알기

어휘	낱자(뜻과 음)		어휘 풀이
等式	等	式	같다는 등호(=)를 써서 나타낸 식
등식	같을(등)	식(식)	

어휘 확인하기

어휘	낱자(뜻과 음) 써보기		어휘 풀이 써보기
等式	等	式	
等式	( )	( )	
等式	等	式	
等式	( )	( )	
等式	等	式	
等式	( )	( )	

교과서 속 어휘 활용

어휘	어휘 써보기				교과서 속 어휘 활용
等式	等	式	等	式	3+3=6과 같이 =를 써서 나타낸 식을 등식이라고 한다.
등식	등	식	등	식	
等式	等	式	等	式	
등식	등	식	등	식	

144

방정식

확인 /

어휘 알기

어휘	낱자(뜻과 음)			어휘 풀이
方程式	方	程	式	문자에 특정한 값을 넣을 때만 참이 되는 등식
방정식	모(방)	한도(정)	식(식)	

어휘 확인하기

어휘	낱자(뜻과 음) 써보기			어휘 풀이 써보기
方程式	方	程	式	
方程式	( )	( )	( )	
方程式	方	程	式	
方程式	( )	( )	( )	
方程式	方	程	式	
方程式	( )	( )	( )	

교과서 속 어휘 활용

어휘	어휘 써보기						교과서 속 어휘 활용
方程式	方	程	式	方	程	式	$x+3=6$과 같이 x를 써서 나타낸 식을 방정식이라고 한다.
방정식	방	정	식	방	정	식	
方程式	方	程	式	方	程	式	
방정식	방	정	식	방	정	식	

내항

145

확인 /

어휘 알기

어휘	낱자(뜻과 음)		어휘 풀이
內項	內	項	안쪽에 있는 항
내항	안(내)	항목(항)	

어휘 확인하기

어휘	낱자(뜻과 음) 써보기		어휘 풀이 써보기
內項	內	項	
內項	( )	( )	
內項	內	項	
內項	( )	( )	
內項	內	項	
內項	( )	( )	

교과서 속 어휘 활용

어휘	어휘 써보기				교과서 속 어휘 활용
內項	內	項	內	項	2:1=6:3에서 안쪽에 있는 1과 6을 내항이라고 한다.
내항	내	항	내	항	
內項	內	項	內	項	
내항	내	항	내	항	

146 외항

확인 /

어휘 알기

어휘	낱자(뜻과 음)		어휘 풀이
外項	外	項	바깥쪽에 있는 항
외항	바깥(외)	항목(항)	

어휘 확인하기

어휘	낱자(뜻과 음) 써보기		어휘 풀이 써보기
外項	外	項	
外項	( )	( )	
外項	外	項	
外項	( )	( )	
外項	外	項	
外項	( )	( )	

교과서 속 어휘 활용

어휘	어휘 써보기				교과서 속 어휘 활용
外項	外	項	外	項	2:1=6:3에서 바깥쪽에 있는 2와 3을 외항이라고 한다.
외항	외	항	외	항	
外項	外	項	外	項	
외항	외	항	외	항	

확률

147

확인 /

어휘 알기

어휘	낱자(뜻과 음)		어휘 풀이
確率	確	率	어떤 일이 일어날 확실한 정도나 비율
확률	확실할(확)	비율(률)	

어휘 확인하기

어휘	낱자(뜻과 음) 써보기		어휘 풀이 써보기
確率	確	率	
確率	( )	( )	
確率	確	率	
確率	( )	( )	
確率	確	率	
確率	( )	( )	

교과서 속 어휘 활용

어휘	어휘 써보기				교과서 속 어휘 활용
確率	確	率	確	率	동전을 던졌을 때 그림이 나올 확률은 $\frac{1}{2}$ 이다.
확률	확	률	확	률	
確率	確	率	確	率	
확률	확	률	확	률	

148

경우

확인 /

어휘 알기

어휘	낱자(뜻과 음)		어휘 풀이
境遇	境	遇	어떤 일이 일어날 수 있는 조건이나 놓이게 된 형편
경우	지경(경)	우연히(우)	

어휘 확인하기

어휘	낱자(뜻과 음) 써보기		어휘 풀이 써보기
境遇	境	遇	
境遇	(　)	(　)	
境遇	境	遇	
境遇	(　)	(　)	
境遇	境	遇	
境遇	(　)	(　)	

교과서 속 어휘 활용

어휘	어휘 써보기				교과서 속 어휘 활용
境遇	境	遇	境	遇	동전 한 개를 던질 때 면이 나오는 경우의 수는 2이다.
경우	경	우	경	우	
境遇	境	遇	境	遇	
경우	경	우	경	우	

전개도

149

확인 /

어휘 알기

어휘	낱자(뜻과 음)			어휘 풀이
展開圖	展	開	圖	평면 위에 펴 열어 놓은 모양을 나타낸 그림
전개도	펼(전)	열(개)	그림(도)	

어휘 확인하기

어휘	낱자(뜻과 음) 써보기			어휘 풀이 써보기
展開圖	展	開	圖	
展開圖	( )	( )	( )	
展開圖	展	開	圖	
展開圖	( )	( )	( )	
展開圖	展	開	圖	
展開圖	( )	( )	( )	

교과서 속 어휘 활용

어휘	어휘 써보기						교과서 속 어휘 활용
展開圖	展	開	圖	展	開	圖	전개도에서 잘린 모서리는 실선으로 그린다.
전개도	전	개	도	전	개	도	
展開圖	展	開	圖	展	開	圖	
전개도	전	개	도	전	개	도	

150 백분율

확인 /

어휘 알기

어휘	낱자(뜻과 음)			어휘 풀이
百分率	百	分	率	전체를 100으로 하여 그것에 대해 가지는 비율
백분율	일백(백)	나눌(분)	비율(율)	

어휘 확인하기

어휘	낱자(뜻과 음) 써보기			어휘 풀이 써보기
百分率	百	分	率	
百分率	( )	( )	( )	
百分率	百	分	率	
百分率	( )	( )	( )	
百分率	百	分	率	
百分率	( )	( )	( )	

교과서 속 어휘 활용

어휘	어휘 써보기						교과서 속 어휘 활용
百分率	百	分	率	百	分	率	백분율은 %를 써서 나타낸다.
백분율	백	분	율	백	분	율	
百分率	百	分	率	百	分	率	
백분율	백	분	율	백	분	율	

교과서 한자어

국어

151~200

漢字語

문학

151

(확인 /)

어휘 알기

어휘	낱자(뜻과 음)		어휘 풀이
文學	文	學	생각이나 감정을 글로 표현한 학문
문학	글월(문)	학문(학)	

어휘 확인하기

어휘	낱자(뜻과 음) 써보기		어휘 풀이 써보기
文學	文	學	
文學	( )	( )	
文學	文	學	
文學	( )	( )	
文學	文	學	
文學	( )	( )	

교과서 속 어휘 활용

어휘	어휘 써보기				교과서 속 어휘 활용
文學	文	學	文	學	문학은 우리에게 감동을 준다.
문학	문	학	문	학	
文學	文	學	文	學	
문학	문	학	문	학	

152 작품

확인 /

어휘 알기

어휘	낱자(뜻과 음)		어휘 풀이
作品	作	品	만든 물건 창작물
작품	지을(작)	물건(품)	

어휘 확인하기

어휘	낱자(뜻과 음) 써보기		어휘 풀이 써보기
作品	作	品	
作品	( )	( )	
作品	作	品	
作品	( )	( )	
作品	作	品	
作品	( )	( )	

교과서 속 어휘 활용

어휘	어휘 써보기				교과서 속 어휘 활용
作品	作	品	作	品	작품과 관련된 자신의 경험을 떠올려 본다.
작품	작	품	작	품	
作品	作	品	作	品	
작품	작	품	작	품	

민요 153

확인 /

어휘 알기

어휘	낱자(뜻과 음)		어휘 풀이
民謠	民	謠	백성들의 생활 감정을 담은 전통적인 노래
민요	백성(민)	노래(요)	

어휘 확인하기

어휘	낱자(뜻과 음) 써보기		어휘 풀이 써보기
民謠	民	謠	
民謠	( )	( )	
民謠	民	謠	
民謠	( )	( )	
民謠	民	謠	
民謠	( )	( )	

교과서 속 어휘 활용

어휘	어휘 써보기				교과서 속 어휘 활용
民謠	民	謠	民	謠	민요는 지방마다 고유한 특성이 있다.
민요	민	요	민	요	
民謠	民	謠	民	謠	
민요	민	요	민	요	

154

민화

확인 /

어휘 알기

어휘	낱자(뜻과 음)		어휘 풀이
民畵	民	畵	백성들의 생활 모습을 그린 그림
민화	백성(민)	그림(화)	

어휘 확인하기

어휘	낱자(뜻과 음) 써보기		어휘 풀이 써보기
民畵	民	畵	
民畵	( )	( )	
民畵	民	畵	
民畵	( )	( )	
民畵	民	畵	
民畵	( )	( )	

교과서 속 어휘 활용

어휘	어휘 써보기				교과서 속 어휘 활용
民畵	民	畵	民	畵	민화 속에는 조상들의 삶이 깃들어 있다.
민화	민	화	민	화	
民畵	民	畵	民	畵	
민화	민	화	민	화	

인물

155

확인 /

어휘 알기

어휘	낱자(뜻과 음)		어휘 풀이
人物	人	物	생김새나 성품으로 본 사람
인물	사람(인)	물건(물)	

어휘 확인하기

어휘	낱자(뜻과 음) 써보기		어휘 풀이 써보기
人物	人	物	
人物	( )	( )	
人物	人	物	
人物	( )	( )	
人物	人	物	
人物	( )	( )	

교과서 속 어휘 활용

어휘	어휘 써보기				교과서 속 어휘 활용
人物	人	物	人	物	이야기의 구성 요소는 인물, 사건, 배경이다.
인물	인	물	인	물	
人物	人	物	人	物	
인물	인	물	인	물	

156

배경

확인 /

어휘 알기

어휘	낱자(뜻과 음)		어휘 풀이
背景	背	景	뒤쪽 경치
배경	등(배)	경치(경)	

어휘 확인하기

어휘	낱자(뜻과 음) 써보기		어휘 풀이 써보기
背景	背	景	
背景	( )	( )	
背景	背	景	
背景	( )	( )	
背景	背	景	
背景	( )	( )	

교과서 속 어휘 활용

어휘	어휘 써보기				교과서 속 어휘 활용
背景	背	景	背	景	시간적 배경은 '때'이다.
배경	배	경	배	경	
背景	背	景	背	景	
배경	배	경	배	경	

비유

157

확인 /

어휘 알기

어휘	낱자(뜻과 음)		어휘 풀이
比喩	比	喩	대상을 그와 비슷한 다른 대상에 빗대어 표현하는 것
비유	견줄(비)	깨우칠(유)	

어휘 확인하기

어휘	낱자(뜻과 음) 써보기		어휘 풀이 써보기
比喩	比	喩	
比喩	( )	( )	
比喩	比	喩	
比喩	( )	( )	
比喩	比	喩	
比喩	( )	( )	

교과서 속 어휘 활용

어휘	어휘 써보기				교과서 속 어휘 활용
比喩	比	喩	比	喩	비유한 대상 사이에는 공통점이 있다.
비유	비	유	비	유	
比喩	比	喩	比	喩	
비유	비	유	비	유	

158

확인 /

어휘 알기

어휘	낱자(뜻과 음)		어휘 풀이
韻律	韻	律	시를 읽을 때 느껴지는 말의 가락
운율	소리(운)	가락(율)	

어휘 확인하기

어휘	낱자(뜻과 음) 써보기		어휘 풀이 써보기
韻律	韻	律	
韻律	( )	( )	
韻律	韻	律	
韻律	( )	( )	
韻律	韻	律	
韻律	( )	( )	

교과서 속 어휘 활용

어휘	어휘 써보기				교과서 속 어휘 활용
韻律	韻	律	韻	律	같은 말을 반복하면 운율이 생긴다.
운율	운	율	운	율	
韻律	韻	律	韻	律	
운율	운	율	운	율	

여정

159

확인 /

어휘 알기

어휘	낱자(뜻과 음)		어휘 풀이
旅程	旅	程	여행의 과정
여정	나그네(여)	길(정)	

어휘 확인하기

어휘	낱자(뜻과 음) 써보기		어휘 풀이 써보기
旅程	旅	程	
旅程	( )	( )	
旅程	旅	程	
旅程	( )	( )	
旅程	旅	程	
旅程	( )	( )	

교과서 속 어휘 활용

어휘	어휘 써보기				교과서 속 어휘 활용
旅程	旅	程	旅	程	여정이 드러나게 기행문을 쓴다.
여정	여	정	여	정	
旅程	旅	程	旅	程	
여정	여	정	여	정	

160

견문

확인 /

어휘 알기

어휘	낱자(뜻과 음)		어휘 풀이
見聞	見	聞	보고 듣음
견문	볼(견)	들을(문)	

어휘 확인하기

어휘	낱자(뜻과 음) 써보기		어휘 풀이 써보기
見聞	見	聞	
見聞	( )	( )	
見聞	見	聞	
見聞	( )	( )	
見聞	見	聞	
見聞	( )	( )	

교과서 속 어휘 활용

어휘	어휘 써보기				교과서 속 어휘 활용
見聞	見	聞	見	聞	여행으로 견문이 넓어졌다.
견문	견	문	견	문	
見聞	見	聞	見	聞	
견문	견	문	견	문	

소설

161

확인 /

어휘 알기

어휘	낱자(뜻과 음)		어휘 풀이
小說	小	說	현실에서 있음 직한 이야기를 상상해서 쓴 글
소설	작을(소)	이야기(설)	

어휘 확인하기

어휘	낱자(뜻과 음) 써보기		어휘 풀이 써보기
小說	小	說	
小說	( )	( )	
小說	小	說	
小說	( )	( )	
小說	小	說	
小說	( )	( )	

교과서 속 어휘 활용

어휘	어휘 써보기				교과서 속 어휘 활용
小說	小	說	小	說	소설은 상상해서 쓴 글이다.
소설	소	설	소	설	
小說	小	說	小	說	
소설	소	설	소	설	

162

희곡

확인 /

어휘 알기

어휘	낱자(뜻과 음)		어휘 풀이
戲曲	戲	曲	연극 대본.
희곡	연극(희)	굽을(곡)	

어휘 확인하기

어휘	낱자(뜻과 음) 써보기		어휘 풀이 써보기
戲曲	戲	曲	
戲曲	( )	( )	
戲曲	戲	曲	
戲曲	( )	( )	
戲曲	戲	曲	
戲曲	( )	( )	

교과서 속 어휘 활용

어휘	어휘 써보기				교과서 속 어휘 활용
戲曲	戲	曲	戲	曲	희곡은 무대 상연을 목적으로 한다.
희곡	희	곡	희	곡	
戲曲	戲	曲	戲	曲	
희곡	희	곡	희	곡	

묘사

163

확인 /

어휘 알기

어휘	낱자(뜻과 음)		어휘 풀이
描寫	描	寫	있는 그대로 베끼듯이 그림
묘사	그릴(묘)	베낄(사)	

어휘 확인하기

어휘	낱자(뜻과 음) 써보기		어휘 풀이 써보기
描寫	描	寫	
描寫	( )	( )	
描寫	描	寫	
描寫	( )	( )	
描寫	描	寫	
描寫	( )	( )	

교과서 속 어휘 활용

어휘	어휘 써보기				교과서 속 어휘 활용
描寫	描	寫	描	寫	얼굴 모습을 아름답게 묘사했다.
묘사	묘	사	묘	사	
描寫	描	寫	描	寫	
묘사	묘	사	묘	사	

164

설명

확인 /

어휘 알기

어휘	낱자(뜻과 음)		어휘 풀이
說明	說	明	남이 잘 알아듣도록 밝혀 말함
설명	말씀(설)	밝힐(명)	

어휘 확인하기

어휘	낱자(뜻과 음) 써보기		어휘 풀이 써보기
說明	說	明	
說明	( )	( )	
說明	說	明	
說明	( )	( )	
說明	說	明	
說明	( )	( )	

교과서 속 어휘 활용

어휘	어휘 써보기				교과서 속 어휘 활용
說明	說	明	說	明	주변 물건에 대해 설명해 본다.
설명	설	명	설	명	
說明	說	明	說	明	
설명	설	명	설	명	

토론

165

확인 /

어휘 알기

어휘	낱자(뜻과 음)		어휘 풀이
討論	討	論	찬성과 반대로 나뉘어 논의하는 것
토론	탐구할(토)	논할(론)	

어휘 확인하기

어휘	낱자(뜻과 음) 써보기		어휘 풀이 써보기
討論	討	論	
討論	( )	( )	
討論	討	論	
討論	( )	( )	
討論	討	論	
討論	( )	( )	

교과서 속 어휘 활용

어휘	어휘 써보기				교과서 속 어휘 활용
討論	討	論	討	論	절차를 지켜 토론한다.
토론	토	론	토	론	
討論	討	論	討	論	
토론	토	론	토	론	

166

토의

확인 /

어휘 알기

어휘	낱자(뜻과 음)		어휘 풀이
討議	討	議	탐구하고 의논함
토의	탐구할(토)	의논할(의)	

어휘 확인하기

어휘	낱자(뜻과 음) 써보기		어휘 풀이 써보기
討議	討	議	
討議	( )	( )	
討議	討	議	
討議	( )	( )	
討議	討	議	
討議	( )	( )	

교과서 속 어휘 활용

어휘	어휘 써보기				교과서 속 어휘 활용
討議	討	議	討	議	토의 주제에서 벗어난 말은 하지 않는다.
토의	토	의	토	의	
討議	討	議	討	議	
토의	토	의	토	의	

회의

167

확인 /

어휘 알기

어휘	낱자(뜻과 음)		어휘 풀이
會議	會	議	모여서 의논함
회의	모일(회)	의논할(의)	

어휘 확인하기

어휘	낱자(뜻과 음) 써보기		어휘 풀이 써보기
會議	會	議	
會議	( )	( )	
會議	會	議	
會議	( )	( )	
會議	會	議	
會議	( )	( )	

교과서 속 어휘 활용

어휘	어휘 써보기				교과서 속 어휘 활용
會議	會	議	會	議	학급 문제는 회의를 통해 의논해 본다.
회의	회	의	회	의	
會議	會	議	會	議	
회의	회	의	회	의	

168

반론

확인 /

어휘 알기

어휘	낱자(뜻과 음)		어휘 풀이
反論	反	論	상대편 주장에 반대하여 말하는 것
반론	반대할(반)	말할(논)	

어휘 확인하기

어휘	낱자(뜻과 음) 써보기		어휘 풀이 써보기
反論	反	論	
反論	( )	( )	
反論	反	論	
反論	( )	( )	
反論	反	論	
反論	( )	( )	

교과서 속 어휘 활용

어휘	어휘 써보기				교과서 속 어휘 활용
反論	反	論	反	論	상대편 주장에 대해 반론을 폈다.
반론	반	론	반	론	
反論	反	論	反	論	
반론	반	론	반	론	

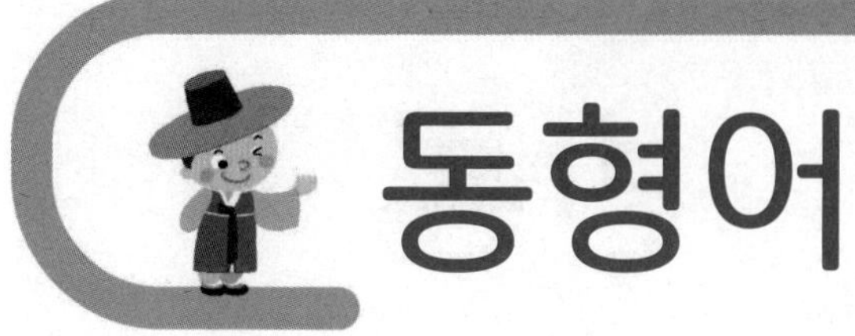

동형어

169

(확인 /)

어휘 알기

어휘	낱자(뜻과 음)			어휘 풀이
同形語	同	形	語	글자의 모양이 서로 같은 낱말
동형어	같을(동)	모양(형)	말씀(어)	

어휘 확인하기

어휘	낱자(뜻과 음) 써보기			어휘 풀이 써보기
同形語	同	形	語	
同形語	( )	( )	( )	
同形語	同	形	語	
同形語	( )	( )	( )	
同形語	同	形	語	
同形語	( )	( )	( )	

교과서 속 어휘 활용

어휘	어휘 써보기						교과서 속 어휘 활용
同形語	同	形	語	同	形	語	동형어는 글자만 같고 서로 다른 낱말이다.
동형어	동	형	어	동	형	어	
同形語	同	形	語	同	形	語	
동형어	동	형	어	동	형	어	

170

다의어

확인 /

어휘 알기

어휘	낱자(뜻과 음)			어휘 풀이
多義語	多	義	語	두 가지 이상의 뜻을 가진 낱말
다의어	많을(다)	뜻(의)	말씀(어)	

어휘 확인하기

어휘	낱자(뜻과 음) 써보기			어휘 풀이 써보기
多義語	多	義	語	
多義語	( )	( )	( )	
多義語	多	義	語	
多義語	( )	( )	( )	
多義語	多	義	語	
多義語	( )	( )	( )	

교과서 속 어휘 활용

어휘	어휘 써보기						교과서 속 어휘 활용
多義語	多	義	語	多	義	語	다의어는 뜻 사이에 서로 관련이 있다.
다의어	다	의	어	다	의	어	
多義語	多	義	語	多	義	語	
다의어	다	의	어	다	의	어	

한자어 171

확인 /

어휘 알기

어휘	낱자(뜻과 음)			어휘 풀이
漢字語	漢	字	語	한자를 바탕으로 만들어진 말
한자어	한나라(한)	글자(자)	말씀(어)	

어휘 확인하기

어휘	낱자(뜻과 음) 써보기			어휘 풀이 써보기
漢字語	漢	字	語	
漢字語	( )	( )	( )	
漢字語	漢	字	語	
漢字語	( )	( )	( )	
漢字語	漢	字	語	
漢字語	( )	( )	( )	

교과서 속 어휘 활용

어휘	어휘 써보기						교과서 속 어휘 활용
漢字語	漢	字	語	漢	字	語	국어(國語)는 한자어이다.
한자어	한	자	어	한	자	어	
漢字語	漢	字	語	漢	字	語	
한자어	한	자	어	한	자	어	

172

외래어

확인 /

어휘 알기

어휘	낱자(뜻과 음)			어휘 풀이
外來語	外	來	語	다른 나라 말이 들어와 우리말처럼 쓰이는 말
외래어	바깥(외)	올(래)	말씀(어)	

어휘 확인하기

어휘	낱자(뜻과 음) 써보기			어휘 풀이 써보기
外來語	外	來	語	
外來語	( )	( )	( )	
外來語	外	來	語	
外來語	( )	( )	( )	
外來語	外	來	語	
外來語	( )	( )	( )	

교과서 속 어휘 활용

어휘	어휘 써보기						교과서 속 어휘 활용
外來語	外	來	語	外	來	語	라디오(radio)는 외래어이다.
외래어	외	래	어	외	래	어	
外來語	外	來	語	外	來	語	
외래어	외	래	어	외	래	어	

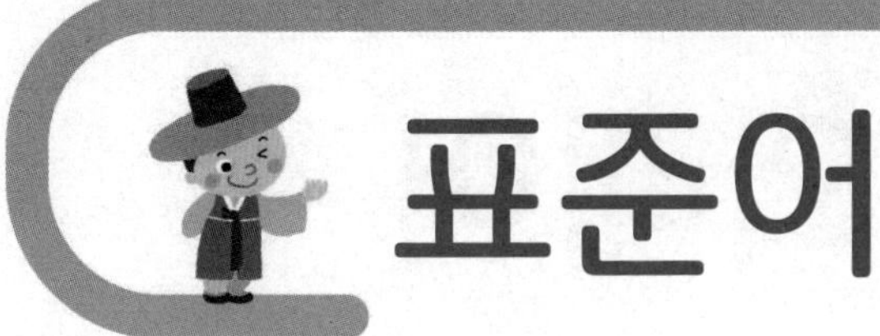

표준어 173

확인 /

어휘 알기

어휘	낱자(뜻과 음)			어휘 풀이
標準語	標	準	語	한 나라에서 기준을 정해 사용하는 말
표준어	나타낼(표)	기준(준)	말씀(어)	

어휘 확인하기

어휘	낱자(뜻과 음) 써보기			어휘 풀이 써보기
標準語	標	準	語	
標準語	( )	( )	( )	
標準語	標	準	語	
標準語	( )	( )	( )	
標準語	標	準	語	
標準語	( )	( )	( )	

교과서 속 어휘 활용

어휘	어휘 써보기						교과서 속 어휘 활용
標準語	標	準	語	標	準	語	여러 사람 앞에서는 표준어를 사용한다.
표준어	표	준	어	표	준	어	
標準語	標	準	語	標	準	語	
표준어	표	준	어	표	준	어	

174 방언

확인 /

어휘 알기

어휘	낱자(뜻과 음)		어휘 풀이
方言	方	言	지역에 따라 다르게 쓰는 말
방언	지방(방)	말씀(언)	

어휘 확인하기

어휘	낱자(뜻과 음) 써보기		어휘 풀이 써보기
方言	方	言	
方言	( )	( )	
方言	方	言	
方言	( )	( )	
方言	方	言	
方言	( )	( )	

교과서 속 어휘 활용

어휘	어휘 써보기				교과서 속 어휘 활용
方言	方	言	方	言	방언을 사용하면 친근감이 느껴진다.
방언	방	언	방	언	
方言	方	言	方	言	
방언	방	언	방	언	

나열

175

확인 /

어휘 알기

어휘	낱자(뜻과 음)		어휘 풀이
羅列	羅	列	몇 가지 특징을 죽 벌여 놓음
나열	벌일(나)	벌일(열)	

어휘 확인하기

어휘	낱자(뜻과 음) 써보기		어휘 풀이 써보기
羅列	羅	列	
羅列	( )	( )	
羅列	羅	列	
羅列	( )	( )	
羅列	羅	列	
羅列	( )	( )	

교과서 속 어휘 활용

어휘	어휘 써보기				교과서 속 어휘 활용
羅列	羅	列	羅	列	나열 짜임의 글은 '첫째, 둘째'와 같은 방식으로 쓴다.
나열	나	열	나	열	
羅列	羅	列	羅	列	
나열	나	열	나	열	

176

순서

확인 /

어휘 알기

어휘	낱자(뜻과 음)		어휘 풀이
順序	順	序	정해진 차례에 따름
순서	따를(순)	차례(서)	

어휘 확인하기

어휘	낱자(뜻과 음) 써보기		어휘 풀이 써보기
順序	順	序	
順序	( )	( )	
順序	順	序	
順序	( )	( )	
順序	順	序	
順序	( )	( )	

교과서 속 어휘 활용

어휘	어휘 써보기				교과서 속 어휘 활용
順序	順	序	順	序	한지 만드는 과정을 순서대로 정리한다.
순서	순	서	순	서	
順序	順	序	順	序	
순서	순	서	순	서	

비교

177

확인 /

어휘 알기

어휘	낱자(뜻과 음)		어휘 풀이
比較	比	較	둘 이상의 대상을 견주어 공통점 등을 찾음
비교	견줄(비)	견줄(교)	

어휘 확인하기

어휘	낱자(뜻과 음) 써보기		어휘 풀이 써보기
比較	比	較	
比較	( )	( )	
比較	比	較	
比較	( )	( )	
比較	比	較	
比較	( )	( )	

교과서 속 어휘 활용

어휘	어휘 써보기				교과서 속 어휘 활용
比較	比	較	比	較	감기와 독감의 같은 점을 비교해 본다.
비교	비	교	비	교	
比較	比	較	比	較	
비교	비	교	비	교	

178

대조

확인 /

어휘 알기

어휘	낱자(뜻과 음)		어휘 풀이
對照	對	照	둘 이상의 대상을 서로 맞대어 차이점을 찾음
대조	마주할(대)	항목(조)	

어휘 확인하기

어휘	낱자(뜻과 음) 써보기		어휘 풀이 써보기
對照	對	照	
對照	( )	( )	
對照	對	照	
對照	( )	( )	
對照	對	照	
對照	( )	( )	

교과서 속 어휘 활용

어휘	어휘 써보기				교과서 속 어휘 활용
對照	對	照	對	照	감기와 독감의 다른 점을 대조해 본다.
대조	대	조	대	조	
對照	對	照	對	照	
대조	대	조	대	조	

분석

179

확인 /

어휘 알기

어휘	낱자(뜻과 음)		어휘 풀이
分析	分	析	전체를 개별적인 요소로 쪼개서 나눔
분석	나눌(분)	쪼갤(석)	

어휘 확인하기

어휘	낱자(뜻과 음) 써보기		어휘 풀이 써보기
分析	分	析	
分析	( )	( )	
分析	分	析	
分析	( )	( )	
分析	分	析	
分析	( )	( )	

교과서 속 어휘 활용

어휘	어휘 써보기				교과서 속 어휘 활용
分析	分	析	分	析	태극기 모양을 분석의 방법으로 설명할 수 있다.
분석	분	석	분	석	
分析	分	析	分	析	
분석	분	석	분	석	

180

분류

확인 /

어휘 알기

어휘	낱자(뜻과 음)		어휘 풀이
分類	分	類	일정한 기준에 따라 무리를 나눔
분류	나눌(분)	무리(류)	

어휘 확인하기

어휘	낱자(뜻과 음) 써보기		어휘 풀이 써보기
分類	分	類	
分類	(　)	(　)	
分類	分	類	
分類	(　)	(　)	
分類	分	類	
分類	(　)	(　)	

교과서 속 어휘 활용

어휘	어휘 써보기				교과서 속 어휘 활용
分類	分	類	分	類	민요를 지역에 따라 분류해 본다.
분류	분	류	분	류	
分類	分	類	分	類	
분류	분	류	분	류	

181

확인 /

어휘 알기

어휘	낱자(뜻과 음)		어휘 풀이
表記	表	記	문자 또는 음성 기호로 언어를 표시하여 기록함
표기	겉(표)	기록할(기)	

어휘 확인하기

어휘	낱자(뜻과 음) 써보기		어휘 풀이 써보기
表記	表	記	
表記	(　)	(　)	
表記	表	記	
表記	(　)	(　)	
表記	表	記	
表記	(　)	(　)	

교과서 속 어휘 활용

어휘	어휘 써보기				교과서 속 어휘 활용
表記	表	記	表	記	표기가 혼동되는 낱말은 국어사전을 찾아본다.
표기	표	기	표	기	
表記	表	記	表	記	
표기	표	기	표	기	

182

확인 /

어휘 알기

어휘	낱자(뜻과 음)		어휘 풀이
發音	發	音	말소리를 드러내는 것
발음	드러낼(발)	소리(음)	

어휘 확인하기

어휘	낱자(뜻과 음) 써보기		어휘 풀이 써보기
發音	發	音	
發音	(　)	(　)	
發音	發	音	
發音	(　)	(　)	
發音	發	音	
發音	(　)	(　)	

교과서 속 어휘 활용

어휘	어휘 써보기				교과서 속 어휘 활용
發音	發	音	發	音	낱말을 올바르게 발음해야 한다.
발음	발	음	발	음	
發音	發	音	發	音	
발음	발	음	발	음	

방송 183

확인 /

어휘 알기

어휘	낱자(뜻과 음)		어휘 풀이
放送	放	送	음성이나 영상을 전파로 널리 내보냄
방송	놓을(방)	보낼(송)	

어휘 확인하기

어휘	낱자(뜻과 음) 써보기		어휘 풀이 써보기
放送	放	送	
放送	( )	( )	
放送	放	送	
放送	( )	( )	
放送	放	送	
放送	( )	( )	

교과서 속 어휘 활용

어휘	어휘 써보기				교과서 속 어휘 활용
放送	放	送	放	送	방송은 영상과 음성을 사용한다.
방송	방	송	방	송	
放送	放	送	放	送	
방송	방	송	방	송	

184 매체

확인 /

어휘 알기

어휘	낱자(뜻과 음)		어휘 풀이
媒體	媒	體	사실, 지식, 정보 등을 알리는 수단
매체	중매(매)	몸(체)	

어휘 확인하기

어휘	낱자(뜻과 음) 써보기		어휘 풀이 써보기
媒體	媒	體	
媒體	(　)	(　)	
媒體	媒	體	
媒體	(　)	(　)	
媒體	媒	體	
媒體	(　)	(　)	

교과서 속 어휘 활용

어휘	어휘 써보기				교과서 속 어휘 활용
媒體	媒	體	媒	體	매체를 통해 의사소통을 한다.
매체	매	체	매	체	
媒體	媒	體	媒	體	
매체	매	체	매	체	

주장

185

확인 /

어휘 알기

어휘	낱자(뜻과 음)		어휘 풀이
主張	主	張	자신의 생각을 펼침
주장	자신(주)	펼(장)	

어휘 확인하기

어휘	낱자(뜻과 음) 써보기		어휘 풀이 써보기
主張	主	張	
主張	( )	( )	
主張	主	張	
主張	( )	( )	
主張	主	張	
主張	( )	( )	

교과서 속 어휘 활용

어휘	어휘 써보기				교과서 속 어휘 활용
主張	主	張	主	張	논설문은 주장하는 글이다.
주장	주	장	주	장	
主張	主	張	主	張	
주장	주	장	주	장	

186 근거

확인 /

어휘 알기

어휘	낱자(뜻과 음)		어휘 풀이
根據	根	據	어떤 일의 본바탕이나 까닭
근거	뿌리(근)	증거(거)	

어휘 확인하기

어휘	낱자(뜻과 음) 써보기		어휘 풀이 써보기
根據	根	據	
根據	( )	( )	
根據	根	據	
根據	( )	( )	
根據	根	據	
根據	( )	( )	

교과서 속 어휘 활용

어휘	어휘 써보기				교과서 속 어휘 활용
根據	根	據	根	據	주장을 뒷받침하는 근거는 타당해야 한다.
근거	근	거	근	거	
根據	根	據	根	據	
근거	근	거	근	거	

문장

187

확인 /

어휘 알기

어휘	낱자(뜻과 음)		어휘 풀이
文章	文	章	완결된 생각을 표현하는 최소 단위
문장	글월(문)	글(장)	

어휘 확인하기

어휘	낱자(뜻과 음) 써보기		어휘 풀이 써보기
文章	文	章	
文章	( )	( )	
文章	文	章	
文章	( )	( )	
文章	文	章	
文章	( )	( )	

교과서 속 어휘 활용

어휘	어휘 써보기				교과서 속 어휘 활용
文章	文	章	文	章	문장의 끝맺음에 따라 문장의 종류를 나눌 수 있다.
문장	문	장	문	장	
文章	文	章	文	章	
문장	문	장	문	장	

188

호응

확인 /

어휘 알기

어휘	낱자(뜻과 음)		어휘 풀이
呼應	呼	應	부름에 대답함
호응	부를(호)	대답할(응)	

어휘 확인하기

어휘	낱자(뜻과 음) 써보기		어휘 풀이 써보기
呼應	呼	應	
呼應	(　)	(　)	
呼應	呼	應	
呼應	(　)	(　)	
呼應	呼	應	
呼應	(　)	(　)	

교과서 속 어휘 활용

어휘	어휘 써보기				교과서 속 어휘 활용
呼應	呼	應	呼	應	'왜냐하면'은 '~때문이다'와 호응한다.
호응	호	응	호	응	
呼應	呼	應	呼	應	
호응	호	응	호	응	

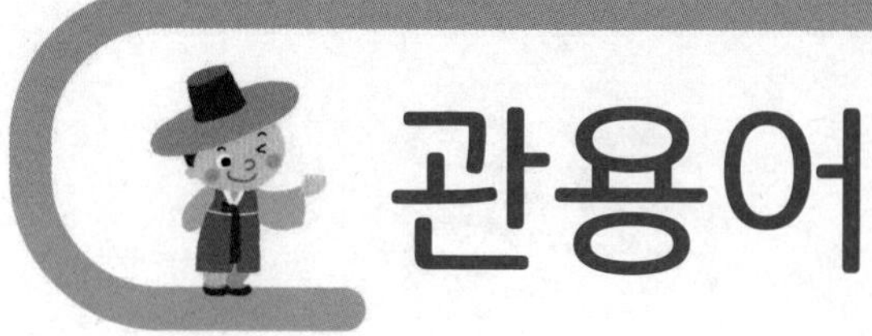

관용어

189

확인 /

어휘 알기

어휘	낱자(뜻과 음)			어휘 풀이
慣用語	慣	用	語	원래의 뜻과는 다른 뜻으로 굳어져서 쓰이는 말
관용어	버릇(관)	쓸(용)	말씀(어)	

어휘 확인하기

어휘	낱자(뜻과 음) 써보기			어휘 풀이 써보기
慣用語	慣	用	語	
慣用語	( )	( )	( )	
慣用語	慣	用	語	
慣用語	( )	( )	( )	
慣用語	慣	用	語	
慣用語	( )	( )	( )	

교과서 속 어휘 활용

어휘	어휘 써보기						교과서 속 어휘 활용
慣用語	慣	用	語	慣	用	語	관용어를 사용하면 자신의 생각을 짧은 말로 표현할 수 있다.
관용어	관	용	어	관	용	어	
慣用語	慣	用	語	慣	用	語	
관용어	관	용	어	관	용	어	

190

속담

확인 /

어휘 알기

어휘	낱자(뜻과 음)		어휘 풀이
俗談	俗	談	예로부터 풍속을 통해 전해 오는 말
속담	풍속(속)	말씀(담)	

어휘 확인하기

어휘	낱자(뜻과 음) 써보기		어휘 풀이 써보기
俗談	俗	談	
俗談	(　)	(　)	
俗談	俗	談	
俗談	(　)	(　)	
俗談	俗	談	
俗談	(　)	(　)	

교과서 속 어휘 활용

어휘	어휘 써보기				교과서 속 어휘 활용
俗談	俗	談	俗	談	속담에는 삶의 교훈이 담겨 있다.
속담	속	담	속	담	
俗談	俗	談	俗	談	
속담	속	담	속	담	

주제 191

확인 /

어휘 알기

어휘	낱자(뜻과 음)		어휘 풀이
主題	主	題	글쓴이가 나타내고자 하는 중심 생각
주제	주인(주)	제목(제)	

어휘 확인하기

어휘	낱자(뜻과 음) 써보기		어휘 풀이 써보기
主題	主	題	
主題	( )	( )	
主題	主	題	
主題	( )	( )	
主題	主	題	
主題	( )	( )	

교과서 속 어휘 활용

어휘	어휘 써보기				교과서 속 어휘 활용
主題	主	題	主	題	글을 쓸 때는 먼저 주제를 정한다.
주제	주	제	주	제	
主題	主	題	主	題	
주제	주	제	주	제	

192

제안

확인 /

어휘 알기

어휘	낱자(뜻과 음)		어휘 풀이
提案	提	案	생각이나 의견을 제시함
제안	제시할(제)	생각(안)	

어휘 확인하기

어휘	낱자(뜻과 음) 써보기		어휘 풀이 써보기
提案	提	案	
提案	( )	( )	
提案	提	案	
提案	( )	( )	
提案	提	案	
提案	( )	( )	

교과서 속 어휘 활용

어휘	어휘 써보기				교과서 속 어휘 활용
提案	提	案	提	案	문제를 해결하기 위해서는 제안하는 글을 쓴다.
제안	제	안	제	안	
提案	提	案	提	案	
제안	제	안	제	안	

관점

193

확인 /

어휘 알기

어휘	낱자(뜻과 음)		어휘 풀이
觀點	觀	點	사물을 보고 생각하는 태도나 방법
관점	볼(관)	점(점)	

어휘 확인하기

어휘	낱자(뜻과 음) 써보기		어휘 풀이 써보기
觀點	觀	點	
觀點	( )	( )	
觀點	觀	點	
觀點	( )	( )	
觀點	觀	點	
觀點	( )	( )	

교과서 속 어휘 활용

어휘	어휘 써보기				교과서 속 어휘 활용
觀點	觀	點	觀	點	기념일에 대해 어떤 관점을 갖고 있는 지 생각해 본다.
관점	관	점	관	점	
觀點	觀	點	觀	點	
관점	관	점	관	점	

194 추론

확인 /

어휘 알기

어휘	낱자(뜻과 음)		어휘 풀이
推論	推	論	어떤 일을 미루어 생각하고 따져봄
추론	밀(추)	따질(론)	

어휘 확인하기

어휘	낱자(뜻과 음) 써보기		어휘 풀이 써보기
推論	推	論	
推論	( )	( )	
推論	推	論	
推論	( )	( )	
推論	推	論	
推論	( )	( )	

교과서 속 어휘 활용

어휘	어휘 써보기				교과서 속 어휘 활용
推論	推	論	推	論	추론하며 글을 읽으면 이해가 잘된다.
추론	추	론	추	론	
推論	推	論	推	論	
추론	추	론	추	론	

견학

195

확인 /

어휘 알기

어휘	낱자(뜻과 음)		어휘 풀이
見學	見	學	직접 가서 보고 배움
견학	볼(견)	배울(학)	

어휘 확인하기

어휘	낱자(뜻과 음) 써보기		어휘 풀이 써보기
見學	見	學	
見學	( )	( )	
見學	見	學	
見學	( )	( )	
見學	見	學	
見學	( )	( )	

교과서 속 어휘 활용

어휘	어휘 써보기				교과서 속 어휘 활용
見學	見	學	見	學	경주박물관에 견학을 갔다.
견학	견	학	견	학	
見學	見	學	見	學	
견학	견	학	견	학	

196

확인 /

어휘 알기

어휘	낱자(뜻과 음)		어휘 풀이
面談	面	談	얼굴을 보고 이야기를 나눔
면담	얼굴(면)	이야기(담)	

어휘 확인하기

어휘	낱자(뜻과 음) 써보기		어휘 풀이 써보기
面談	面	談	
面談	( )	( )	
面談	面	談	
面談	( )	( )	
面談	面	談	
面談	( )	( )	

교과서 속 어휘 활용

어휘	어휘 써보기				교과서 속 어휘 활용
面談	面	談	面	談	교장선생님과 면담을 했다.
면담	면	담	면	담	
面談	面	談	面	談	
면담	면	담	면	담	

서론

197

확인 /

어휘 알기

어휘	낱자(뜻과 음)		어휘 풀이
序論	序	論	본격적인 논의를 하기 위한 실마리가 되는 부분
서론	실마리(서)	논할(론)	

어휘 확인하기

어휘	낱자(뜻과 음) 써보기		어휘 풀이 써보기
序論	序	論	
序論	( )	( )	
序論	序	論	
序論	( )	( )	
序論	序	論	
序論	( )	( )	

교과서 속 어휘 활용

어휘	어휘 써보기				교과서 속 어휘 활용
序論	序	論	序	論	서론에는 문제 상황을 쓴다.
서론	서	론	서	론	
序論	序	論	序	論	
서론	서	론	서	론	

198 결론

확인 /

어휘 알기

어휘	낱자(뜻과 음)		어휘 풀이
結論	結	論	말이나 글의 끝을 맺는 부분
결론	맺을(결)	논할(론)	

어휘 확인하기

어휘	낱자(뜻과 음) 써보기		어휘 풀이 써보기
結論	結	論	
結論	( )	( )	
結論	結	論	
結論	( )	( )	
結論	結	論	
結論	( )	( )	

교과서 속 어휘 활용

어휘	어휘 써보기				교과서 속 어휘 활용
結論	結	論	結	論	논설문은 서론, 본론, 결론으로 짜여 있다.
결론	결	론	결	론	
結論	結	論	結	論	
결론	결	론	결	론	

기사문

199

확인 /

어휘 알기

어휘	낱자(뜻과 음)			어휘 풀이
記事文	記	事	文	사실을 있는 그대로 적은 글
기사문	기록할(기)	일(사)	글월(문)	

어휘 확인하기

어휘	낱자(뜻과 음) 써보기			어휘 풀이 써보기
記事文	記	事	文	
記事文	( )	( )	( )	
記事文	記	事	文	
記事文	( )	( )	( )	
記事文	記	事	文	
記事文	( )	( )	( )	

교과서 속 어휘 활용

어휘	어휘 써보기						교과서 속 어휘 활용
記事文	記	事	文	記	事	文	기사문은 육하원칙에 따라 쓴다.
기사문	기	사	문	기	사	문	
記事文	記	事	文	記	事	文	
기사문	기	사	문	기	사	문	

200 기행문

확인 /

어휘 알기

어휘	낱자(뜻과 음)			어휘 풀이
紀行文	紀	行	文	여행하면서 보고, 듣고, 느낀 것을 적은 글
기행문	적을(기)	다닐(행)	글월(문)	

어휘 확인하기

어휘	낱자(뜻과 음) 써보기			어휘 풀이 써보기
紀行文	紀	行	文	
紀行文	( )	( )	( )	
紀行文	紀	行	文	
紀行文	( )	( )	( )	
紀行文	紀	行	文	
紀行文	( )	( )	( )	

교과서 속 어휘 활용

어휘	어휘 써보기						교과서 속 어휘 활용
紀行文	紀	行	文	紀	行	文	기행문은 비교적 자유로운 형식으로 쓴다.
기행문	기	행	문	기	행	문	
紀行文	紀	行	文	紀	行	文	
기행문	기	행	문	기	행	문	

부록

01 나와 우리 가족 한자어 써보기
02 한자 필순의 기본 원칙
03 한자 학습 계획표(공부기초 초등 교과서 한자어 200 인증카드)

漢字語

나와 우리 가족 한자어 써보기 01

♣ 나에 대하여 한자로 적어보시오.

성명(姓名)	한글						
	한자						
학교(學校)	한글						
	한자						

♣ 우리 가족의 이름을 한자로 적어보시오.

구분(부모형제 등)	성 명(姓名)						
	한 글	한 자(漢字)					

한자 필순의 기본원칙

한자를 쓸 때는 대부분 그 역사 속에서 붓을 이용했으므로, 서체는 붓글씨를 중심으로 이루어져 왔는데, 붓을 한 번 움직여 쓸 수 있는 부분을 한 획이라고 하며, 획은 형태에 따라 점과 선으로, 선은 다시 직선과 곡선으로 구별한다. 필순 또는 획순이란 결국 이 점과 선을 쓰는 순서를 말하는 것이다.

필순은 한자를 그리는 것이 아니라 모양 있게 쓰면서 빠르고 정확하게 쓸 수 있는 방법이므로 부수자를 중심으로 상용한자의 필순을 익혀 두는 것이 좋다.

필순의 대원칙은 다음과 같다.

1. 위에서 아래로 쓴다.

예 言 　一 二 三

2. 왼쪽에서 오른쪽으로 쓴다.

예 川 　丿 川 川

3. 가로획을 먼저 쓰고 세로획은 나중에 쓴다.

예 大 　一 ナ 大

복합적인 글자는 이의 대원칙이 순서대로 적용된다.

예 共 　一 十 卄 丗 共 共

4. 가로획과 세로획이 교차할 때에는 가로획을 먼저 긋는다.

예 古 　一 十 𠮛 古 古

5. 좌우 대칭일 때는 가운데 획을 먼저 긋는다.

예 小 　亅 小 小

6. 몸(에운담)을 먼저 긋는다.

예 國, 同

丨 冂 冂 冂 冋 冋 囗 國 國 國 國

丨 冂 冂 冋 同 同

7. 글자 전체를 꿰뚫는 획은 나중에 긋는다.

예 中, 母 丶 口 口 中, ㄴ 母 母 母 母

8. 삐침(丿)과 파임(㇏)이 어우를 때는 삐침을 먼저 한다.

예 父 丿 八 夕 父

9. 오른쪽 위의 점은 맨 나중에 찍는다.

예 代 丿 亻 仁 代 代

10. 辶, 廴 받침은 맨 나중에 한다.

예 近, 建 ㇀ 厂 斤 斤 斤 沂 沂 近, ㄱ ⺕ ⺕ 聿 聿 聿 律 建 建

위의 원칙과 다른 기준도 적용되어 두 가지 이상 필순이 있는 글자들도 더러 있고, 위의 원칙을 벗어난 예외적인 글자도 혹 있을 수 있다. 그런 경우는 별도로 익혀 두는 수밖에 없다.

출처 [한자] 한자의 필순

공부기초 초등 교과서 한자어 200 인증카드

날짜	도달 내용	학습인증 (인)
/	**과학** 교과서 한자 01 ~ 10	
/	**사회** 교과서 한자 01 ~ 10	
/	**수학** 교과서 한자 01 ~ 10	
/	**국어** 교과서 한자 01 ~ 10	
/	**과학** 교과서 한자 11 ~ 20	
/	**사회** 교과서 한자 11 ~ 20	
/	**수학** 교과서 한자 11 ~ 20	
/	**국어** 교과서 한자 11 ~ 20	
/	**과학** 교과서 한자 21 ~ 30	
/	**사회** 교과서 한자 21 ~ 30	
/	**수학** 교과서 한자 21 ~ 30	
/	**국어** 교과서 한자 21 ~ 30	
/	**과학** 교과서 한자 31 ~ 40	
/	**사회** 교과서 한자 31 ~ 40	
/	**수학** 교과서 한자 31 ~ 40	
/	**국어** 교과서 한자 31 ~ 40	
/	**과학** 교과서 한자 41 ~ 50	
/	**사회** 교과서 한자 41 ~ 50	
/	**수학** 교과서 한자 41 ~ 50	
/	**국어** 교과서 한자 41 ~ 50	

공부기초 초등교과서
한자어200

초판인쇄　2021년 12월 22일
초판발행　2021년 12월 29일

지은이 | 초등학습 연구회
펴낸이 | 노소영
펴낸곳 | 도서출판 마지원

등록번호 | 제559-2016-000004
전화 | 031)855-7995
팩스 | 02)2602-7995
주소 | 서울 강서구 마곡중앙로 171

http://blog.naver.com/wolsongbook

ISBN | 979-11-88127-94-8 (13710)

정가 13,000원

좋은 출판사가 좋은 책을 만듭니다.
도서출판 마지원은 진실된 마음으로 책을 만드는 출판사입니다.
항상 독자 여러분과 함께 하겠습니다.